우즈베키스탄
Uzbekistan

히바

타슈켄트

사마르칸트

부하라

비슈케크

이식쿨

키르기스스탄
Kyrgyzstan

촐폰아

아커

페르가나

술레이만 투

오쉬

카슈가르

타슈쿠르간

쿤저랍패스

소스트

훈자

울타르 메도우

이슬라마바드

탁실라

카리마바드

라호르

암리차르

파키스탄
Pakistan

뉴델리

인도
India

자이푸르 아그라

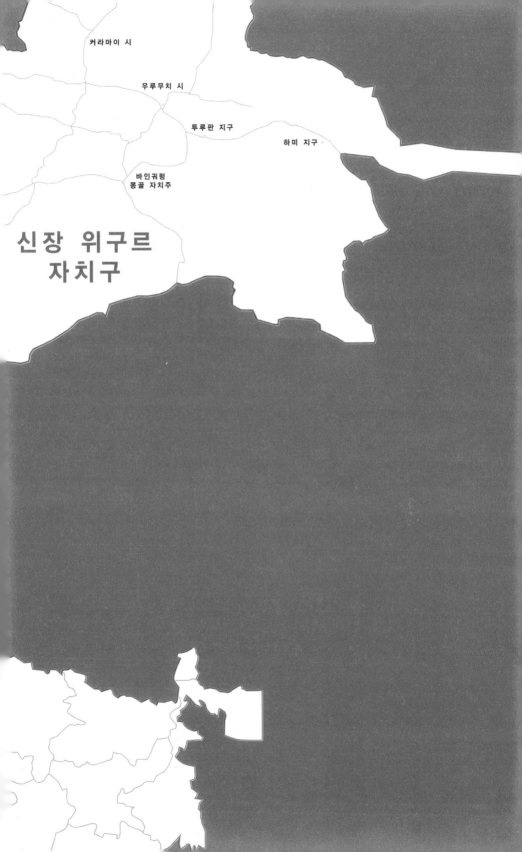

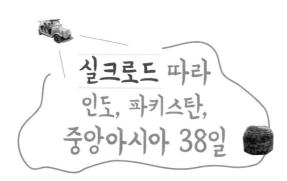

실크로드 따라
인도, 파키스탄,
중앙아시아 38일

실크로드 따라
인도, 파키스탄,
중앙아시아 38일

펴낸날 2020년 2월 28일

지은이 김형만
펴낸이 주계수 | **편집책임** 이슬기 | **꾸민이** 유민정

펴낸곳 밥북 | **출판등록** 제 2014-000085 호
주소 서울시 마포구 양화로 59 화승리버스텔 303호
전화 02-6925-0370 | **팩스** 02-6925-0380
홈페이지 www.bobbook.co.kr | **이메일** bobbook@hanmail.net

© 김형만, 2020.
ISBN 979-11-5858-642-3 (03910)

※ 이 도서의 국립중앙도서관 출판시도서목록(CIP)은 e-CIP 홈페이지(http://www.nl.go.kr/cip)에서 이용하실 수 있습니다. (CIP 2020007075)

실크로드 따라
인도, 파키스탄,
중앙아시아 38일

김형만

오아시스는 리비아 사막의 비옥한 지역을 일컫는 라틴어 Oasis에서 유래되었다. 사막에 수원이 존재하는 생존지역 오아시스는 인류 문명의 발전에 중요한 역할을 하였다. 설산의 눈이 녹아 강 주변인 경우도 있고, 인공 우물이 수원이 되거나, 자연적으로 지하수가 솟아나 식물이 자라고 주변은 마을과 시장이 형성되어 사막의 중심지를 이뤘다. 기원전부터 오아시스를 통해 관계농업이 발전하고 오아시스와 오아시스를 연결하는 교류가 시작되면서 대륙의 동서가 만나고, 교역을 하는 상인들의 휴식처가 되기도 하고, 상품과 문화가 교류되고 전파되었다. 이러한 상호 문화적인 소통과 교류를 통한 번영의 길을 우리는 실크로드(Silk Road)라고 부른다.

실크로드는 크게 오아시스를 연결한 오아시스길, 초원지대의 초원길, 뱃길인 바닷길로 나눌 수 있다.

이번 여정은 북인도 델리에서 시작하여 골든 트라이앵글인 델리-아그라-자이푸르를 거쳐 인도 북쪽 잠무카슈미르 주 북부에 있는 K2봉(8,611m)이 속한 히말라야의 카라코람 산맥으로 이어지는 파키스탄의 아보타바드에 도

달하고, 여기서 다시 중국 신장웨이우얼 자치구 카슈가르까지 1,200km의 카라코람 하이웨이를 통과한 다음, 키르기스스탄, 우즈베키스탄의 비단길에 위치한 중앙아시아의 사마르칸트, 부하라, 히바 등 소그드 상인들이 다녔던 오아시스 도시국가에 이르는 코스이다.

 국가 간을 연결하는 도로 중에서 세계에서 가장 높고 험준한 카라코람 하이웨이(Karakoram Highway)는 겨울에는 눈과 폭풍으로 통행할 수 없어 매년 5월 초부터 10월 중순까지만 다닐 수 있는데, 7월과 8월에는 폭우가 내려 토사와 낙석 등으로 도로가 고립되는 것을 고려하여 여행 적기는 5월 중순부터 6월 사이이다.

2020년 2월

김형만

List。

제1장 / **인도**

제2장 / **파키스탄**

제3장 / **신장위구르**

제4장 / 키르기스스탄

제5장 / 우즈베키스탄

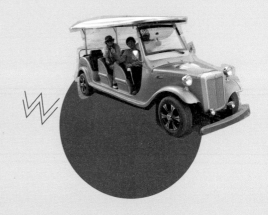

제1장

인 도

5/1(1일째) ★ 한밤중 택시는 호텔을 확인하고 내려야 한다

여행은 언제나 가슴을 두근거리게 한다. 새로운 기쁨을 꿈꾸며 되살아나고 싶어서일까? 감정의 설렘 속에 공항으로 가는 버스를 탈 때부터 새로운 세계에 대한 기대감으로 부푼다.

익숙하지 않은 곳에서 사람들을 만나고, 처음 맛보는 음식을 먹고, 생경한 풍경을 보고, 새로운 도전과 경험을 하기 위해 새로운 여행지를 찾는다.

인천공항에서 OZ767은 1시간 20분 연발했다. 그런데도 델리 도착은 정시에 출발과 같은 시각에 도착했으니 분명 비행기는 과속이렷다. 공중은 위성 카메라 단속이 없나?

입국절차는 간단하였다. 내 앞사람들한테는 줄줄이 지문을 찍으라고 하던데 나한테는 지문을 요구하지 않았다. 아마 17년 전 입국한 자료가 있나 보다.

자정이 넘은 시각, 우선 환전소에서 루피로 환전했다(1USD, 69.55 INR). 공항철도가 끊긴 시간이라 택시 외에는 대안이 없다.

공항청사에서 나오자마자 횡단보도 건너 왼쪽으로 노랑 간판 프리페이드 택시(pre-paid taxi: 목적지를 말하면 직원이 합리적으로 결정한 금액을 창구에서 지불한 후에 영수증 2장을 받고, 목적지에 도착해서 영수증 1장을 운전기사에게 주는 방식) 카운터에서 메인 바자르 거리에 있는 빠하르간지의 호텔까지 심야할증이 적용되는 티켓을 끊었다.

택시는 현대 Bisto인데 트렁크에 연료 가스통이 있어 짐 싣기에 비좁다. 새벽 1시인데 밖은 32℃이다.

매연으로 거리는 뿌연데 편도 4차선 도로를 지그재그로 위험하게 달린다. 가로등도 없어 컴컴하고 어쩌다 가로등 있는 곳은 한여름의 나뭇잎 때문에 있으나 마나다. 차선은 보이지 않고 군데군데 공사 중이라 덜컥거리고, 통행방식은 영국의 식민지 영향을 받아 좌측통행이다.

드디어 빠하르간지 입구에 도착한 택시기사는 여기에서 내리라 한다.

(무슨 소리!) 호텔이 저쪽이라고!

내가 탈 때 호텔 이름 말했는데 ＊＊호텔 몰라? 주소는 ＊＊Rd ＊＊번지!

정신무장을 단단히 하고 확실하고 단호하게 말해야 했다. 어쩔 수 없이 택시기사는 호텔 주소를 확인하고는 메인 바자르 거리를 더듬더듬 달린다.

대부분 여행객들은 운전기사가 다 왔다고, 호텔이 저기~ 저기라고 하면 택시에서 내린다. 그렇게 해서 내리면 십중팔구는 한밤중에 곤란한 일이 벌어진다. 혹여 호텔 문 앞에서 여기라고 해도 예약한 호텔인지 반드시 확인해야 곤란한 일이 발생하지 않는다.

컴컴한 메인 바자르 거리는 쓰레기가 나뒹굴고 술 취한 사람들과 전수를 잡고자 하는 불량배 차지다.

원래 예약하고자 하는 호텔은 여기가 아니었다. 시내 중심가로 공원과 마켓이 가깝고 버스 타기 좋은 코넛플레이스 근처에 예약할 예정이었는데, 미국에 있는 외손자가 함께 여행하기로 하여 호텔 예약을 알아보니 코넛플레이스 부근의 호텔은 3인실이 없었다. 엑스트라베드를 하나 더 놓아주는 호텔도 없고~

첫날 숙소로 정한 빠하르간지는 델리공항에서 30분 거리로 접근성이 좋아 1970년대 히피들을 시작으로 다양한 국적의 여행자들이 머물며 정보를 교환하는 곳으로, 배낭여행객의 주머니 사정에 맞는 숙소를 구할 수 있다.

5/2(2일째) ★ 델리 시티투어 호호버스

이른 아침에 호텔 밖으로 나갔더니 누군가 다가와 말을 건넨다.

슬리퍼가 멋지다! 며칠 묵나? 다음 여행지는? 하더니만 마리화나 또는 해쉬쉬를 구하냐고 묻는다. 인도 길거리 음식점에서 스페셜라씨를 주문하면 초록색 마리화나를 둥둥 띄워 내놓거나 마리화나 액기스를 섞어 내놓는다. 방라씨(Bang Lassi)라고도 불린다. 주문할 때 Low, Medium, High 또는 Strongly를 주문할 수도 있다. 인도에서는 마리화나 또는 해쉬쉬 호객꾼이 따라 다닌다.

마리화나를 수행자를 위한 '신의 선물'이라고 한다지만 No Thanks!다

액상 대마인 해쉬쉬(Hashish)는 어세신(Assassin, 암살자)이라는 단어가 어원으로 이슬람 암살자들이 십자군 지도자들을 암살하러 가기 전에 두려움을 없애기 위해 이것을 마신 데서 기원한다. 마리화나보다 10~30배가량 효과가 높다고 한다.

인도사람들은 술을 마시면 정신을 흐리게 하여 신의 세계에서 멀어지는 것을 부끄럽게 여겨 술을 멀리한다는데, 마리화나는 피운다. 라자스탄 주 같은 곳은 주정부에서 마리화나를 합법화했다.

델리 Sighting tour를 하려고 호호버스(HOHO Bus) 센터에서 티켓을 구

입했다.

9시 버스는 5분 전에 출발한 뒤였다. 다음 버스는 55분 기다리면 10시에 출발한다. 그런데 매표소 직원이 잠시 기다리라고 하고는 5분 전에 출발한 버스 기사에게 전화를 하여 우리를 태우고 가라 한다. 이렇게 하여 버스는 출발점에 되돌아와서는 우리를 태웠다. HOHO Bus는 Hop On Hop Off Delhi Sightseeing Bus(타고 내리고 타고 내리고 하는 델리 관광버스)의 첫 머리글자이다.

호호버스 출발하는 곳은 코닛 플레이스(Connaught Place)의 Baba Kharak Singh Marg으로 19군데 명소를 돌아온다. 요금은 1Day Tour는 499루피, 2Days Tour는 599루피(Rs).

19군데 명소는 다음과 같다.

  1. Gurdwara Bangla Sahib(시크교 사원)

  2. Rashtrapati Bhavan(대통령궁, 식민지 시대 영국 총독에 의해 건축)

  3. Red Fort(붉은 요새, 1639년 무굴제국 황제 샤자한이 건립)

  4. Jama Masjid(인도 최대의 이슬람 사원, 샤자한 최후의 건축물)

  5. Raj Ghat(1948년 암살당한 마하트마 간디의 화장터와 박물관)

  6. India Gate(제1차 세계대전에서 전사한 인도제국 군인 추모 기념물)

  7. NGMA(The National Gallery of Modern Art: 국립현대미술관)

  8. Rashtrapati Bhavan Vijay Chowk(대통령궁 본관)

  9. Rashtrapati Bhavan-Gate

10. Nehru Museum(네루 박물관)

11. Rail Museum

12. Sarojni Nagar Market(의류 시장)

13. Dilli Haat(인도 전통 공예품& 직물 쇼핑몰)

14. South Ex Market(유명 디자이너 브랜드 제품 쇼핑몰)

15. Lajpat Nagar Market(거리의 상가)

16. Qutab Minar(꾸뜹 미나르 유적군 & 72.5m 승리의 탑. 1193년 건설)

17. Lotus Temple(바하이 예배원, 연꽃사원)

18. Humayun's Tomb(무굴제국 2대 왕 후마윤의 무덤)

19. Purana Qila(Old Fort, 샤자한 왕이 건설한 요새)

。레드 포트 내부, 왕의 공식접견 장소인 디와니암(DeWan I Am)

。레드 포트(Red Port): 붉은 사암으로 지어진 높이 18m, 길이 2.4km의 성

무굴제국의 제5대 황제 샤 자한(Shah Jahanabad)이 39세일 때 사랑하던 부인 뭄타즈 마할이 36세로 죽고 8년째 되던 해에 델리에서 모든 것을 새롭게 시작하고 싶은 마음에 아그라에서 올드델리로 수도를 옮기기로 계획하고, 왕족을 거주시키기 위해 1639년에 시작하여 1648년까지 야무나 강 동쪽에 지은 요새로 붉은 사암으로 건축하였다. 현지어로 Lal Qila(랄 낄라)는 '붉은 성'이라는 뜻으로 '레드 포트'는 영국인들이 부른 이름이다.

'달의 광장'이라는 찬드니 초크를 마주 보고 있는 성의 서쪽에 위치한 궁성의 정문인 웅장한 라호르 게이트(Lahore Gate)를 거쳐 성안으로 들어서면 정원이 나오고 대리석으로 건축한 디와니암 궁전은 황제가 접견을 했던 장소이다. 또 하나의 출입문은 남쪽에 위치한 델리 문인데 남북축 끝에 있는

통로인 회랑과 연결된다. 궁전설계는 이슬람 건축에 바탕을 두었지만, 독립된 전각들은 페르시아와 티무르, 힌두의 전통이 융합된 무굴시대 건축물의 전형적인 형태이다. 왕궁 내부의 박물관에는 무굴제국 시대의 그림과 무기 등이 전시되어 있다.

왕가와 함께 거주하고자 9년에 걸쳐 건축한 이 성에서 샤 자한은 거의 살지 못했다고 한다. 아들이자 후에 무굴제국의 황제였던 아우랑제브가 반란을 일으켜 아버지 왕을 멀리 떨어진 아그라성에 유폐시켰기 때문이다. 결국 샤 자한이 지은 마지막 건축물이 된 셈이다. 그의 아들인 아우랑제브 또한 이슬람 왕조와의 전쟁 중 데칸고원의 원정에서 죽고, 왕위계승을 둘러싼 분쟁으로 지배력은 급속히 쇠퇴한다.

。주마 마스지드(Jama Masjid)

주마 마스지드는 인도 최대의 모스크로 2만5천 명이 동시에 기도를 드릴 수 있는 곳인데 호호버스는 지하철역 Jama Masjid에서 정차한다. Metro Station Gate No 3에서 내려 도로 건너 오르막길에 죽 늘어선 노점상들로 형성된 노천시장을 지나 계단을 오르면 붉은 사암과 하얀 대리석으로 건축한 사원이다. 사원은 세 개의 문과 4개의 첨탑, 높이 40m의 미나레트가 사원 건물 양쪽으로 배치되어있다. 1644년부터 공사를 시작하여 1656년에 완공되었다. 샤 자한의 재위 기간이 1628~1657년으로 그가 황제에 재위하던 시기의 마지막 건축물이다.

입장료는 무료이고, 입구에서 신발을 벗고 사원에 들어간다. 바로 이때, 입구에서 카메라 1대당 300루피의 촬영 대가를 받는다. 카메라를 소지하면 무조건 300루피다. 영수증을 발급하는 것도 아니고, 가족과 함께 와 큰 카메라만 사용하고 작은 카메라는 사용하지 않는다고 해도 막무가내로 2대 소지한 요금을 요구한다. 25,000명의 이슬람 신자가 모여 기도한다는 인도 최대의 성전에서 돈타령이다. 사원 내부의 미나레트 입장료도 100루피인데 외국인들한테는 카메라를 소지한 것만으로도 촬영 대가를 받는다.

내가 이슬람교 설립자 무함마드(Muhammad)를 아는 것도 아니고, 그렇다고 무함마드 아저씨가 나를 아는 것도 아니고… 에라~ 안 보면 그만이다! 하며 휙 뒤돌아섰다. 알라신! 빠이빠이다!

이슬람이란 '절대 순종한다'는 뜻이며, 이슬람 신도를 가리키는 Muslim(무슬림)이라는 용어는 '절대 순종하는 사람'이라는 의미라는데 나는 전지전능한 귀신 Allah(알라)에게 고작 300루피 때문에 미움을 사게 된 셈이다. 하지만 종교시설인 이슬람 성전에서 돈을 너무 밝히는 것은 올바르지 않다.

이날 알라신에게 미움을 사게 된 일이 48시간도 안 되어 효과를 보게 될 줄이야~

◦ 라지 가트(Raj Ghat)

간디의 유해를 힌두교 의식으로 죽은 다음 날 화장한 곳으로 간디 거리에 위치한다. 1948년 1월 30일 저녁예배를 드리러 가던 무저항 비폭력 생화수의자로 칭송받는 인도의 상징인물 마하트마 간디는 79세의 나이에 극우파 힌두교도에게 암살당한다. 한 사람당 1Rs를 주고 신발을 맡긴 다음 맨발로 들어가면, 공원 중앙에 검은 대리석으로 된 네모난 좌대를 마련하고 간디의 마지막 말인 'He Ram'(오, 신이시어!)이라는 글자가 새겨져 있다. 대리석 위에는 인도에 대한 간디의 사랑은 영원하게 꺼지지 않는다는 뜻으로 영원히 꺼지지 않는 불꽃이 타오르고 있다.

그의 유해는 인도 각지의 강에 뿌려졌다고 한다.

대리석 제단 양옆에는 모금함이 놓여 있는데 카스트의 가장 낮은 계급인 불가촉천민인 '하리잔'(Harijan)을 위해 사용된다고 한다. 그러나 실제 간디는 인도의 최하층민인 불가촉천민에게 우호적이었던 적이 없었으며 오히려 이들의 인권개선운동을 방해한 주요 인물 중 하나였다고 한다. 인도 내의 시크교도와 무슬림들의 분리선거는 인정하면서도 최하계급층의 분리선거는 반대하며 단식까지 불사했던 인물이었다니 아이러니하다.

Mahatma Gandhi(마하트마 간디, 1869-1948)의 Mahatma는 위대한 영혼이라는 뜻으로 인도의 시인인 타고르가 지어준 이름이다. 원래 이름은 모한다스 카람차드 간디다. 그는 비폭력주의로 영국의 식민지였던 인도의 독립을 주도했고 인도 건국의 아버지로 불린다.

요즘 세태에 그의 어록 두 가지가 새삼 떠오른다.

- "나는 예수를 사랑합니다. 하지만 그리스도인은 싫어합니다. 왜냐하면 그들은 스스로를 예수의 제자라 부르면서도 예수를 닮으려 하지는 않기 때문입니다."
- "나는 그리스도 교도이자 힌두교도이자 이슬람교도이자 유대인이다."

인도는 대한민국보다 꼭 2년 늦은 1947년 8월 15일 영국으로부터 독립하였으나 종교 갈등으로 이슬람교를 믿는 국민들은 파키스탄으로, 힌두교를 믿는 국민들은 인도로 쪼개지는 민족분열이 벌어지고 말았다.

간디는 양쪽 종교의 화해를 위해 노력을 하였지만 이슬람교도들에게는 힌두교도를 편드는 것처럼, 힌두교도들에게는 이슬람교도를 편드는 것처럼 비쳤다. 양쪽으로부터 비난을 받던 간디는 결국 급진주의 무장 단체인 라시트리야 세와크 상가의 나투람 고드세라는 힌두교 광신자에게 암살당했다. 그의 나이는 79세였다.

₀ National Museum

입장료가 외국인은 1인당 650Rs, 자국민은 20Rs로 해도 너무한다. 칭찬할 점은 미래의 주인인 학생은 외국인도 공짜다.

3층으로 된 박물관으로 1층은 인도 왕조의 유물을 시대순으로 배치했고, 2층은 인도와 중앙아시아에서 발굴된 유물과 커다란 코끼리 상아에 부처의 일생을 정교하게 새긴 작품들을 전시하고, 3층에는 서양의 유물을 전시해 놓았다. 인더스문명관 입구에 세계 4대 문명 중 하나인 인더스문명의 유물이 출토된 구자라트가 있는 강 하류부터 펀자브지역까지 인더스 강 유역의 지도를 게시하고 있다. 특히 인도를 통일하고 불교를 장려하여 인도 전역에 불교를 포교한 아소카 왕 때의 유물은 부처를 형상화한 것이 아니라 둥근 바퀴를 조각한 법륜으로 불상 자체가 아예 없었다. 초기 불상은 간다라 양식 때부터 나타난다. 이 외에도 금으로 만든 탑 안에 모셔진 부처의 진신사리, 간다라 미술과 굽타왕조, 아잔타 유물과 불교의 미술, 불상 등을 전시하고 있는데, 청동 유물을 제외하고는 온전한 것이 드물었다.

입구의 경비군인에게 레스토랑을 물으니 박물관 경내의 카페테리아를 알려준다. 공공기관 내에 있어 분위기와 음식에 잔뜩 기대를 했으나, 맛도 서비스도 카페테리아라는 이름에 어울리지 않았다. 반면 박물관 시설은 엄청 좋았다.

박물관 관람을 마치고 호호버스 정류장에서 다음 버스를 기다렸는데, 막차는 이미 지나가 버렸다. 오후 2시 55분이 마지막 버스통과 시간이다.

시티투어버스는 하루 10번을 운행하면서 21개의 명소를 지나거나 들리는데 풀코스는 단 2번, 나머지는 7곳~14곳만을 들른다. 이렇게 불편하니 관광객은 호호버스를 외면한다. 호호버스 안내지도도 정작 버스티켓 판매처나 버스 안에서는 구할 수 없었다. 버스 노선도를 요구하면 버스에 부착한 관광지도를 사진 찍으라고 한다. 호호버스의 안내원은 힌디어로 한번 설명하고 영어로는 짧게 설명한다. 더운 날씨라 에어컨 달린 호호버스를 이용했지만 가성비는 영 아니다. 차라리 더위와 매연을 감수하고 싼 툭툭이를 이용하는 게 낫겠다.

하지만 툭툭이나 택시 이용 시 위험을 감수해야 한다. 외손자는 델리에서 차를 타는 것이 에버랜드에서 놀이기구를 타는 것보다 더 재미있다고 한다.

자전거릭샤, 툭툭이, 택시, 대형트럭 등 정말 아슬아슬한 묘기운전으로 벤처 액티비티를 선보인다.

트럭 뒤 적재함에 아예 큰 글씨로 혼을 울려라!(Sound Horn, Blow Horn, Horn Please, Slow Horn, Kick Horn) 라고 페인팅 되어있다. 자기 차가 클랙슨을 울린다는 것인지, 다른 차한테 클랙슨을 울리라는 것인지, 아무튼 소리가 엄청 크고 시끄럽다. 그런데 비키라고 위협하며 빵빵거려도 위험하게 비집고 디밀어도, 추월했다고 뒤차가 빵빵거리거나 상향등을 반복 점멸하며 패싱라이트를 켜면서 위협하지는 않고 그러려니 한다. 어쩌다 Great India라고 쓰여 있는 트럭도 있다.

오늘 42℃까지 더운 날, 체력 소모가 많다.

5/3(3일째) ★ 분홍색의 도시 자이푸르

오늘은 아그라, 자이푸르 관광에 나섰다(인도 지명에서 '푸르'는 도시를 나타내고 힌두권이라는 것을 의미하기도 한다. 반면 '~바드'로 끝나면 이슬람권의 왕국이 건설한 도시이다).

인도에 도착하기 전, 델리관광청 홈페이지에서 골든트라이앵글(2박 3일) 관광 프로그램을 예약했다. 델리를 꼭짓점으로 왼쪽에 자이푸르, 오른쪽에 아그라가 대략 삼각형의 좌우에 위치하기 때문에 트라이앵글로 불린다.

예약할 때 애로점이 많았다. 델리관광청 홈페이지(www.delhitourism. gov)에서 예약하고 대금을 결제했다. 이런 경우 일단 홈페이지에서 회원가입을 한 다음 ID & password로 로그인한 후 예약&결제를 해야 하는데 회원가입 절차 없이 예약과 결제를 하게 되어있다. 대금을 결제하고 바우처를 프린트해야 하는데 어찌 된 것인지 다음 과정으로 진행이 안 되었다. 홈페이지에 게시된 전화번호로 전화하니 담당 부서의 번호를 알려준다. 어렵게 통화는 이루어졌지만 인도 사투리가 섞인 영어를 알아들을 수 없다. 통화자의 이름인 알파벳 스펠링을 물어봤지만 영국식 영어를 알아듣기에는 어려웠다. 겨우 email 주소를 받아 며칠 후, 영수증을 받을 수 있었다.

아침 7시에 출발하기로 되어있어 30분 전에 Coffee Home 옆 델리투어리

즘에 도착했으나 문이 잠겨있다. 예약서에
출발 15분 전에 관광 참여자들 미팅을 한
다고 쓰여 있다. 관광청에서 운영하는 회사
라 시원한 바람 빵빵 나오는 에어컨이 있는
투어버스를 기대했는데, 비수기라 그런지
투어신청자는 달랑 우리 가족 셋이다. 기대
한 버스 대신 승용차와 관광안내원 자격증

델리관광청, 델리투어리즘 출발하는 사무실

을 소지한 운전기사를 소개해 준다. 투어 손님 유치에 적극적인 민간 회사
들이 많아 그럴 수도 있으리라.

어쨌든 출발이다.

이렇게 델리관광청에서 제공한 승용차를 타고 우리 가족 셋만의 특별한
인도 골든트라이앵글(수도인 뉴델리-핑크도시 자이푸르-타지마할의 아그
라) 관광이 시작됐다.

운전사이자 관광안내원이 자기소개를 한다.

이름은 Svresh Kumar, 57살이며 27살 딸과 25살 아들이 있다고 한다.

자이푸르에 가는 고속도로를 진입할 때 관광객을 태운 자동차는 맨 왼쪽
에 있는 별도의 게이트를 이용한다. 운전사가 별도의 ID를 보여주면 통행요
금을 지불하지 않고 통과한다. 다른 게이트는 자동차가 줄지어 대기하는데
관광객을 태운 차가 통과하는 별도의 게이트는 한가롭다. 자이푸르는 수도
뉴델리에서 남서쪽으로 236km 떨어진 말라고원의 반사막 지대에 자리 잡고
있다.

자이푸르에 도착하자 자이푸르를 소개할 공식 관광안내원이 맞이한다.

'마하라자'라고 자기를 소개하며. 자이푸르에 대해 간략하게 말해준다.

자이푸르는 라자스탄 주의 주도이며, 천문학자이자 무사인 왕 마하라자 자이 싱 2세는 인구증가와 물 부족을 이유로 1727년 아메르 성에서 자이푸르로 수도를 옮겼는데, 자신의 이름을 딴 자이푸르(자이 왕의 도시)라 명명했다고 한다.

자이푸르(Jaipur)는 도시의 색깔이 온통 분홍색이다.

Pink City가 된 연유는 이렇다. 영국이 지배하고 있던 1876년 지배국인 영국은 그간 통치 비용과 정치적 부담을 완화할 목적으로 동인도회사를 설립하고. 왕국들과 보호조약을 체결하여 간접통치를 하였으나, 이를 철폐하고 영국 왕(빅토리아, 1837–1901)이 인도 왕을 겸하고, 총독을 통하여 직접 통치하거나 주권을 영국 왕에게 두고 종속시키는 번왕국(藩王國)으로 하여 통치하는 이원적 통치체제를 발표한다. 이와 더불어 왕세자의 인도 방문을 추진하는데 왕세자가 어디를 방문할지가 문제였다. 지금까지는 영국으로부터 직접 지배를 받지 않아 군주국으로 왕국을 유지할 수 있었던 소규모 군주국들은 직접 지배에 대한 두려움으로 영국 왕세자가 어디를 방문할 것인가에 촉각을 곤두세우고, 왕세자 방문지에 선택되기 위해 치열한 로비를 해야만 했다. 이렇게 해서 자이푸르가 방문지로 결정되었는데 차기 영국 왕을 만족하게 하고 도시 전체가 열렬히 환영한다는 것을 보여주자고 행동에 나선다.

당시 지배국인 영국의 빅토리아 여왕은 1837년에 왕위에 올라 39년째 통치하던 해로 57살의 장남인 왕세자를 보낸다. 황태자를 환대하려고 시가지 건물 전체를 전통적으로 환영을 상징하는 분홍색페인트를 칠했다고 한다. 도시 전체가 왕세자를 환영한다는 과장된 의사표시를 행동으로 표한 것이다.

결과는 대성공! 방문한 황태자는 이런 환대에 매우 흡족해 하고, 라자스탄왕국은 영국령 인도제국의 번국으로 보장받았다. 왕세자는 방문한 지 5년이 지난 후 왕위를 계승하여 에드워드 7세(Edward Ⅶ)로 등극하나 9년(1901-1910)의 짧은 재위 끝에 사망한다.

인도에서 붉은색은 환영을 뜻한다. 그 후 자이푸르는 분홍의 도시라는 의미의 Pink City라고 부르게 되었다.

암베르성 정문 사이로 자이가르성 망루가 보인다.

자이푸르에서 첫 방문지는 암베르 성(Amber Fort)으로 시내에서 11km 떨어진 바위산 언덕에 중국의 만리장성처럼 성벽을 쌓고 이슬람 양식의 궁전을 지었다. 10미터~30미터 높이의 성벽으로 길이가 10km이다.

외성인 자이가르 성

델리의 레드포트, 아그라의 아그라 포트와 함께 인도 3대 성(城) 중의 하나인데 2013년 유네스코 세계문화유산으로 지정되었다.

다행인 것은 델리의 레드포트를 본 후에 암베르 성을 방문했다는 것이다. 방문 순서를 달리했다면 암베르 성의 화려함과 주위의 빼어난 풍경과 비교하여 초라하기 짝이 없는 레드포트에 실망했을 것이다.

암베르 성은 1037년~1726년까지 카츠츠와하 왕조의 도읍지였다.

16세기 초 마하라자 만싱 왕은 무굴제국의 악바르 왕과 혼인동맹을 맺음에 따라 전쟁을 피하고 대신 부를 축적하여 화려한 성을 건설했다 한다.

무굴황제 제항기르(Jehangirs)가 암베르 성을 방문했을 때 그의 질투심을 자극하지 않기 위해 접견장소인 디와니암의 장식이 화려해 보이지 않도록 덧칠을 했다고 한다.

암베르 성을 설명하는 현지인 가이드가 자기는 마하라자 왕 후손으로 로얄패밀리인데 1971년 인디라 간디 총리 재임 시절, 법으로 왕족에 대한 대우가 폐지되어 더 이상 왕족의 후손으로 대접을 받지 못하고 일반 국민으로 살고 있다고 한다. 마하라자는 '위대한 왕'(Maha: 위대한, Raja: 왕)이란 뜻

마오타 호수(Maotha Lake)는 보수 중, 물을 빼서 말라 있다. 중앙은 사분정원

이라고 한다. 그런 위대한 왕의 후손인 가이드가 호텔 소개시켜 준다고 하고, 기념품 상점에 들러 선물을 사라고 권유한다. 잠깐 짬이 나면 소개~ 소개하기에⋯ 안 산다고 했더니 자기는 왕 후손으로 정직하게 살고 있다고 변명한다.

오르막길을 지나 성문을 들어서면 탁 트인 질렙광장이 눈에 들어온다. 성내부를 지키는 군사들 훈련장과 사열 장소로 쓰였다고 한다.

성 위에 오르면 기하학적으로 조성된 정원과 주변 마오타 호수(Maotha Lake) 주변 풍경이 깔끔하고 정갈하게 보인다. 호수 안에 번듯하게 조성된 '케사르 키야리'(Kesar Kyari Bagh) 사분 정원은 별천지다. 호수는 보수 중으로 물을 빼서 호수에 떠 있는 듯이 보여야 할 정원이 축대 위에 조성된 정원마냥 외롭게 보인다.

암베르가 하늘이라는 뜻이라 '높은 하늘의 성'이라고도 한다. '아람박'으로 불리는 이슬람식 정원은 대리석으로 수로를 만들고 중앙에는 분수시설을 설치했다.

정원을 지나 왼쪽으로 작은 거울 조각을 촘촘하게 모자이크한 거울의 방은 쉬시마할(Sheesh Mahal)이다. 출입문에는 방향성 식물인 카스(khas) 뿌리로 엮은 휘장을 치고 주기적으로 물을 적셔 실내를 시원하게 하면서 함께 향기를 풍기게 하였다. 거울의 방은 왕비가 사용한 공간으로 촛불을 한 개만 켜도 거울에 빛이 반사되어 온 방을 밝힐 수 있다고 한다. 밤이 아니어서인지 낮에 보는 거울의 방 벽체는 볼록 유리거울과 청회색의 상감청자 세공으로, 대리석에 홈을 파고 보석으로 꽃과 꽃잎을 섬세하게 그림과 문양으로 완성하고 연마했다. 천장은 금박의 꽃잎 테두리 안에 코발트블루와 검은색, 붉은색으로 섬세하게 문양을 새겼다. 화려하지는 않지만 은은하고 기품 있다.

건축물은 더위에 대비해서 벽과 바닥에 홈을 파서 만든 수로에 물을 순환시켜 시원하게 했다고 한다. 사백년 전에 만든 수냉방시설은 지금도 작동된다고 한다.

정원의 오른쪽으로는 붉은 사암과 대리석으로 웅장하게 건축한 왕의 접견실 디와니암(Diwan-I-Am) 있다. 붉은 사암 기둥과 대리석의 기둥 상부에 화려한 조각과 문양을 새겨 놓았다.

　디와니암을 지나 1640년에 지어진 신상이 조각된 화려한 모자이크 벽으로 된 3층 건물인 화려한 문양의 가네쉬폴(Ganesh Pole, 코끼리 문)을 지나면 왕의 사적 공간이 시작된다. 가네쉬(Ganesh)는 코끼리 얼굴의 힌두신이다. 왕은 3층 거실에서 왕궁의 동정과 여자들을 살피고 선택했다고 한다.

성의 동쪽에 있는 태양의 문(수라지폴, Suraj Pole)은 왕이 출입하는 문이고, 서쪽의 달의 문(찬드폴, Chand Pole)은 신하들의 출입문이었다고 한다. 태양의 문 뒤로 산등성이를 따라 건설한 외성 자이가르 성이 보인다.

자이푸르의 시티 팰리스(City Palace)는 트리폴리아 게이트를 지나면 분홍색 건물이다. 1728년 자이싱 2세가 지은 궁전으로 왕족인 마하라자들이 거주하는 공간이다.

건축 양식은 인도영화에 자주 나오는 핑크빛의 화려한 외관에 라자스탄 양식의 지붕과 무굴제국 시대와 유럽스타일이 혼합되었다.

1층은 박물관으로 개조하여 옛 무굴제국 시대의 무기와 의복, 당시의 생활상을 엿볼 수 있는 일상용품이 전시되어 있다. 박물관 입구에 구식 장총 32자루로 마차 바퀴처럼 둥글게 원을 그리며 걸어놓은 장식물이 눈에 띈다.

개인 접견실이라는 뜻의 디와니카스(Diwan-I-Khas)로 불리기도 하는 이곳은 전시실로 사용되는데, 중간에 커다란 항아리가 놓여 있다. 마하라자 마도 싱 2세가 영국 에드워드 4세 대관식에 초대를 받아 영국을 방문하게 되었을 때 바다를 건너면 자신의 지위(카스트)를 잃는다는 힌두교도의 믿음과 평생 갠지스 강물만 마셔온 마하라자는 외지에서 힌두의 종교적 신념이 깨질 것을 우려해 갠지스 강물만을 마시면서 영국 여행을 하겠다는 야심 찬 마음으로, 은으로 만든 큰 항아리에 갠지스 강물을 담아 마시면서 영국 방문을 무사히 마칠 수 있었다. 이 항아리는 은으로 만든 가장 큰 물건으로 기네스북에 등재되어 있다. 은 항아리에는 8,182ℓ의 물을 담을 수 있다고 한다.

。 잔타르 만타르(Jantar Mantar)

건축, 천문학, 의학에 관심이 많았던 자이 싱(Jai Singh) 2세는 많은 과학자들의 외국 유학을 장려하고, 유학을 마치고 돌아온 과학자들은 바라나시, 자이푸르, 마투라, 델리 등에 천문대를 건설했다. 잔타르 만타르 또한 이들이 유학을 마치고 인도에 돌아와 세운 천문대 중 하나로 인도에서 가장 큰 규모이다. 인도의 고대어인 산스크리트어로 '마법의 장치'라는 뜻을 가진 이곳은 공원처럼 넓은 대지에 대리석으로 만든 세계에서 제일 규모가 큰 해시계인 브리핫 삼라트 얀트라(Brihat Samrat Yantra)는 27미터의 높이이다. 태양의 위치를 계산하는 나리바라야 얀트라(Narivalaya Yantra)는 두 개의 커다란 대리석 둥근 판에 극의 방향을 가리키는 철심이 박혀있다. 해시계는 대지 위에만 만들 수 있는 게 아니라 땅을 깊이 파고 대리석으로 만든 반구 2개를 서로 얽히게 한, 발상의 전환을 이룬 시계도 있는데 자이 프라카시 얀트라(Jai Prakash Yantra)라고 부른다. 대지 아래에 설치했으니 해시계(sundial)가 아니라 땅시계(ground watch)라 부르면 어떨까?

태양의 위치를 계산하는 '나리바라야 얀트라'

땅을 깊이 파고 대리석 반구 2개를 얽히게 한
해시계 '자이 프라카시 얀트라'

또 하나 특이한 해시계는 황도대의 12궁 상(像)이 조각된 라지발라야 얀트라(Rasivalay Yantra)인데 우리나라 탄생 연도별 동물(띠)처럼 태양의 궤도를 분할하는 12개 별자리의 흐름을 파악할 수 있게 했다. 당시 천문학이 얼마나 발달했는지를 가늠케 한다. 이 외에도 적도 시계, 별을 관측할 수 있는 고정시설 등 18개가 만들어져 있다.

엄청난 소낙비가 쏟아진다. 비가 내려 질척거리는 골목에 개, 돼지, 염소, 소 등 가축들이 쓰레기를 뒤지거나 활보하고 있다. 17년 전이나 지금이나 인도는 달라진 것이 없는 것처럼 느껴진다.

달라진 것이라면 레스토랑 옆 기념품 가게에서 공공연하게 '카마수트라' 책을 팔고 있다. 17년 전에는 기념품점에서는 진열도 못 하고, 올드 델리의 큰 서점에서만 구할 수 있었는데 인도의 섹스 바이블이 대중에 대놓고 접근하고 있다. 큰 서점의 카마수트라와 다른 점은 조잡한 형태의 제책(製冊)으로 이탈리아어, 프랑스어, 중국어, 한국어 등 세계 여러 나라 언어로 번역된 책들이 진열되어 있다.

너무 원색적인 내용의 조잡한 그림과 해설은 자동번역기를 사용하였는지, 은밀하고 성스러운 사랑의 행위를 엉터리로 번역하여 내놓았다. 사랑의 행위를 엉터리 번역한 책을 따라 하면 그 사랑은 엉뚱한 결과가 나온다는 사실…

고대 인도의 성애 교과서가 섹스의 세계화로 침실에 혁명을 주고 있다.

성애(性愛) 경전이자 교과서인 카마수트라(Kamasutra)는 기원전 6세기경에 쓰인 세계에서 가장 오래된 성애서이다. 아이러니하게도 카마수트라는 인도신학을 연구하는 바라몬 신학의 성애교전으로 신학자 12명에 의해 쓰였으며, 이를 4세기경 인도의 궁정시인 바츠야야나가 편집하였다고 전해진다. 고대 인도 사람은 인생의 3가지 목적, 즉 다르마(法, 종교적 의무), 아르타(利, 처세의 길), 카마(愛, 성애의 길)를 바탕으로 한 연구 결과를 저술하였는데 카마수트라는 性愛(카마샤트라)에 관한 책 가운데서도 오래되었을 뿐만 아니라 중요한 책이다.

간략히 하면, 성의 개론, 성애의 기교, 소녀와의 交接, 아내의 의무, 남의 아내와의 通情, 유녀(遊女), 미약(媚藥) 등에 관한 7장으로 구성되어, 일반인의 성지식(性知識)의 결여에서 오는 위험으로부터 구하고자 비법들을 소개하는 책인데, 오늘날은 108가지 성희의 그림만 강조되고 무려 8만4천 가지의 체위만 부각되고 있다. 인도에서 1996년 카마수트라를 소재로 한 영화도 만들어졌다. 심지어 스마트폰 앱도 있다.

5/4(4일째) ★ 구급차를 타고 병원으로

이른 아침 하와마할(Hawa Mahal)에 들렀다. 하와마할은 자이푸르 번잡
한 시가지의 거리에 접해있다. 1799년에 지어진 건물로 붉은 사암과 접합 부

분은 하얀 생석회로 마감한 깔끔한 외양의 5층 건물이 아침 햇살에 핑크빛으로 반짝거린다. '바람의 궁전'이라고 불리는 건물은 953개의 격자로 만들어진 벌집 같은 형태의 작은 창문이 나열되어 있는데 이는 사막의 열기로부터 실내를 서늘하게 유지하기 위한 것이기도 하고, 한 사람의 왕만 바라보다 절대자가 죽으면 그와 함께 화장용 장작에 올려져 생화장을 당했던 비극의 여인들을 위한 궁전이기도 했다. 바깥출입이 제한된 궁정의 여인네들이 창가에 서서 바깥세상이라도 많이 볼 수 있게 수없이 많은 창문을 만들어 보게 했다고 한다. 창문에 창살을 꽃 모양으로 촘촘하게 박아 밖에서는 안에서 내려다보는 여인들이 노출되지 않게 지어졌다.

자이푸르에서 아그라 가는 길은 매연으로 자욱하여 눈이 따갑고 숨쉬기가 어렵다. 여행 출발할 때 마스크를 가져왔지만 날씨도 덥고 우리만 마스크를 쓰고 있기도 이상하고 하여 힘들지만 참았다. 265km의 길을 반쯤 왔을 때부터 외손자 성묵이가 배가 아프다고 한다. 운전사한테 부탁하여 화장실을 찾았으나 더러운 모습에 볼일을 볼 수 없다 하여 깨끗한 화장실을 찾아 또 다른 곳으로…

인도에서는 용변을 보려고 깨끗한 화장실 찾기가 쉬운 일이 아니다. 오죽하면 2014년 모디 총리가 취임하여 심각한 화장실 문제를 해결하려고 '클린인디아'라는 캠페인으로 200억 달러를 투입하여 마하트마 간디 탄생 150주년이 되는 해인 2019년 10월까지 화장실 1억1,100만 개를 신축하여 인도 전국의 위생 수준을 보편적으로 끌어올리겠다고 하였을 정도다. 모디 총리는 목표 달성의 공로를 인정받아 빌&멜린다 게이츠 재단으로부터 2019년 '게이트키퍼'상을 받았다.

인도 화장실 문화에 가장 큰 영향을 준 것은 힌두교의 가르침이다. 깨끗한 것과 부정한 것을 엄격하게 구분하는 힌두교리에서 소의 똥은 신성하지만 사람의 배설물은 불결한 것으로 여긴다. 인도 국민 중 약 15%에 달하는 최하층 불가촉천민(달리트)이 변을 치우는 일을 전담해온 관습도 한몫했다. 이렇기에 화장실 개선으로 집 안에 화장실은 만들어 놓으면, 불가촉천민이 집 화장실에 드나들며 청소하는데 반감이 생겨 문제가 생긴다. 심지어 '달리트'들이 공동화장실을 이용하면 린치를 당하는 상황이 발생하여 심각한 문제가 발생하기도 한다. 계급제인 카스트 제도는 공식적으론 폐기 됐지만 실생활에는 여전히 작동하고 있다. 깨끗한 화장실 보급도 중요하겠지만 인도인들의 '행동 개선'도 함께 이루어져야 한다.

믿기지 않지만 고고학 연구에 의하면 최초의 물을 내리는 변기는 기원전 2500년경 인더스 강변의 모헨조다로에서 살던 사람들이 정교한 화장실 시스템과 수도관을 개발했고, 집마다 좌변기가 설치되어 인더스문명이 존재한 대부분의 기간 인도에서 사용되었다고 한다. 이렇게 4500년 전 좌변기를 처음 발명했던 인도에서 까탈스런 외손자는 여기도 더럽다고 다시 오던 길로 10여km를 달려 보건소를 찾아가 화장실을 사용할 수 있게 해달라고 했다. 보건소 직원이 배가 아프고 설사한다는 얘기를 듣고는, 이런 증상은 치료를 받아야 한다며 병원으로 이송해야 한단다.

이렇게 하여 외손자를 들것에 눕혀 태운 구급차는 사이렌을 울리며 달리고 우리는 앵~ 앵~ 거리는 구급차 뒤를 따라 도착한 곳은 공공병원이었다.

구급대가 앰뷸런스에 외손자를 태우고 도착하니 의사는 진료 중인 환자를 잠시 기다리라고 하고는 구급대가 데려온 외손자를 우선 진찰한다. 진찰실에는 복도에 있던 대기 환자들과 병원 직원들이 몰려들어 아픈 동양인 소년을 구경하고 있다.

한국 같았으면 환자 눈 뒤집어 까보고, 혈압과 맥박 재보고, 피검사하고~ 뭔가 또 검사할 것 없나? 하며 의사 얼굴 보려면 시간이 좀 걸렸을 텐데, 일사천리다. 남자간호사가 응급침대에 외손자를 눕히고, 심한 통증을 가라앉힐 수 있게 마약인 모르핀을 주사하고, 다른 간호사가 뭔가 또 주사 한 방을 궁둥짝에 꽂았다.

진료실과 복도의 인도 사람들이 몰려들어 동양인 소년 볼기짝을 구경하고, 성묵이는 주사 맞은 후 너무 아프다고 징징대고~

병원에서 약을 주며 당장 복용하라고 하고, 6일분 약을 또 지어주었다.

경황이 없이 시간이 금방 지나갔다. 앰뷸런스 응급처치사와 이송해 주신 운전사, 병원 직원들에게 고맙다고 인사하고, 간호사들한테도 감사인사 꾸뻑하고, 치료해주신 의사 선생님께 모자 벗고 감사하다고 인사! 또 인사!

병원에서 외손자 응급 처지하는 도중에도 내 머리는 복잡했다.

앰뷸런스 이송에, 응급 처치료에, 약값에… 청구비가 엄청나겠지? 그래! 일단은 지불하고 여행자보험으로 처리해야지. 그러려면 진단서, 진료내역, 치료비 영수증, 약값 영수증 등을 받아야겠지! 하고 생각했다.

그런데~ 모든 게 다~ 무료라고 한다.
의료 시스템이 쿠바만 좋은 줄 알았었는데… 인도는 완전 Free~다.

17년 전, 인도 여행 때 아그라에서 장 여사님 보석목걸이 구입하며 속았었는데 그 대가를 오늘 아그라 가는 길에 돌려받은 셈이다. 당시 아그라의 으리으리한 보석상이었는데 진품을 보여주고 돈 받고 포장해 줄 때, 똑같은 모양의 가짜 보석목걸이를 포장해 주었다. 가짜인 줄 알았을 때는 아그라를 떠난 며칠 후였다.

17년 전 나를 속였던 인디아가 그렇게 고마울 수 없다. 마더 테레사가 가난한 사람을 돕는 일에 평생을 봉사한 나라 인디아~ 나마스테(namaste)~ 하고 속으로 되뇌었다.

성묵이 아플 때 고마웠던 것은 인도관광청 가이드 겸 운전사였다.
그는 배가 아파 고속도로에서 화장실을 가야 할 때, 가장 가까운 곳을 알아봐 주고, 화장실이 불결하여 볼일을 못 보겠다고 하면 고속도로를 벗어나 다른 곳을 알아봐 주고 또 알아봐 주고는 했다.

가이드는 병원 응급침대에 누워있는 외손자의 양말을 벗기고는 연신 주물러주었다. 청결하지도 않은 냄새 풍풍 나는 발을~~ 청소년들은 신진대사가 활발하여 신체에서 왕성하게 분비물을 발산할 텐데~~

아무리 씻으라고 해도 안 씻는 것을 외할아버지인 내가 어찌할 수 있나?

말을 물가에 데려갈 순 있어도 물을 강제로 먹일 수는 없는 것처럼~

오늘 이후에는 잘 씻고 이를 닦아야만 미국에 있는 엄마를 전화로 연결시켜 주기로 했다.

사랑하는 손자 성묵이 행동이 말이 아니다. 이 기회에 외손자 흥을 한 가지 더 까발린다.

토할 때도 제발 사람들 없는 곳으로 이동하여 토하라고 부탁해도 소용없다. 토 나오면 바로 그냥~ 아무 데나 시행이다. 차 안에서도 토하면 안 된다고 주의하니 창문을 내리고 하면 된다고 한다. 이러니 항상 페트병을 잘라 용기를 마련하여 준비했다.

거리의 온도계는 38℃를 가리키고, 현지 가이드가 Fatehpur Sikri Fort (파테푸르 시크리 성) 궁전 지붕을 가리키며 현재 지붕의 온도는 52℃가 넘을 거라고 한다.

이렇게 날씨가 더워 성묵이가 배탈이 났을지도 모른다. 날씨가 더워 저항력이 떨어졌을 수도 있고, 어제 레스토랑에서 생과일주스로 라씨왈라(Lassiwala)를 주문했는데 익히지 않은 음료의 재료가 신선하지 않았을 수도 있다.

어젯밤 배 아프다는 소리에 잠을 설치고, 오늘은 또 한 번 소동을 치르고, 다행인 것은 모르핀 주사 효과와 처방 약이 잘 들어 컨디션이 나아진 것이다.

파테푸르 시크리 궁전은 아그라 성에서 서쪽으로 37km 거리 아그라 자이푸르 국도 옆에 있다.

무굴제국 3대 황제인 악바르는 수도를 델리에서 아그라로 다시 외곽의 파테푸르 시크리로 옮겼다.

무굴시대에 이슬람식으로 지어진 승리의 문(Bulland Gate)을 들어서면 악바르 황제의 공식 접견장소인 디와니 암(Diwan-I-Am)이 정원을 가운데 두고 회랑에 둘러싸여 있다. 이 지역은 붉은 사암이 많은 지역으로 시크리 성은 물론 타지마할의 사암도 시크리 지방에서 채석한 돌로 지었다고 한다.

악바르 황제의 접견실인 디와니 카스(Diwan-I-Khass)는 '보석의 집'이라고 불리는데 건물 내부 아치 모양의 천장을 받치는 꽃기둥이 압권이다. 벽과 기둥을 장식하는 조각이 맨 아래 기단은 힌두식, 중간은 이슬람식, 맨 위는 기독교를 상징하는 무늬로 장식되어 있다. 이 건물의 가장 큰 특징은 밖에서 보기에는 2층 높이지만 실제로는 층이 나뉘지 않고 내부 천장이 높은 1층짜리 공간이다. 악바르 황제는 세 왕비도 기독교도인 부인, 인도 라지푸트족 출신의 힌두교도 부인, 튀르크 출신의 이슬람교를 믿는 부인 등 세 명을 두었다고 한다. 왕국의 정책도 모든 종교를 포용하는 융화정책을 시행했다 하니 요즘 종교 갈등에 의한 세계 분쟁지역이 늘어나는 것과 대비된다.

4층으로 지어진 판치마할(Panch Mahal, Badgir, 1580)은 궁중의 여인들을 위한 궁전으로 완공이 덜 된 건축물처럼 보인다. 더운 지역이라 그랬을까? 아니면 전망 좋은 건물을 지으려 했던 것일까? 건축 당시에는 벽이 없이 176개의 기둥으로만 지어진 독특한 건축으로 기둥 사이에 벽체를 대신하여, 돌을 뚫고 다듬어 외부 시선을 차단하는 기하학적인 격자무늬의 잘리(Jaali)를 설치하여 시원하게 조망을 즐길 수 있게 되어있었으나 지금은 철거되어 기둥만 남은 휑한 모습이다. 4개 기둥으로 된 5층의 꼭대기 다락에는 휘장(Purdah)이 쳐있었다고 한다. 핀치마할 마당에는 연못인 아눕 탈랍(Anoop Talab)이 조성되어 있다.

핀치마할 1층은 84개, 2층 56개, 3층 20개, 4층 12개, 5층 4개의 기둥으로 총 176개의 기둥으로 지어졌다.

루피화(Rs)가 떨어져 빈털터리가 되었다고 하니 운전사가 돈을 빌려준다. 그 돈으로 점심 먹고 아그라 환전소에 들렀는데 관광객 돈 떨어진 것을 아는지 간디공항 환전소보다 못한 환율을 제시한다. 환율이야 매일 바뀌는 것이니 어쩔 수 없다 하더라도 약점을 이용하는 것 같아 좋은 기분은 아니다. 아그라는 타지마할과 아그라 성, 음식점 모두 루피화가 있어야 한다. 어쩔 수 없이 환전을 했는데 루피를 세어보니 모자란다. 환전상에게 돌려주며 세어보라 했다. 환전상은 어쩔 수 없는 듯 고액권 한 장을 내놓는다.

방금 들렀던 파테푸르 시크리의 Royal Palaces에서 생수를 살 때도 거스름돈을 깜짝 하여 확실하게 받아냈었는데, 돈 받을 때 잘 챙겨야 한다.

돈, 돈, 돈, 루피, 루피, 루피.

환전도 그렇지만 소지품 도난에도 주의하여야 한다. 잃어버렸다고 신고해도 돈 많은 자가 간수 못 한 게 잘못이라며 아무렇지 않게 얘기하는 인도인들이다. 거지한테 적선을 해도 당연하다는 듯, 고맙다는 말 한마디도 없다.

그제도 어제도 오늘도 가이드는 일정이 끝나면 꼭 기념품점에 들러 구입을 요청한다. 남은 여정이 길고 멀어 살 수가 없다오.

5/5(5일째) ★ 사랑의 증표, 선택받은 궁전 타지마할

아침 햇살을 받은 타지마할 전경이 멋진 광경을 연출한다고 하여 새벽 다섯 시 십오 분에 호텔을 출발했다. 아직 채 여섯 시가 되지 않은 이른 아침이라 관광객이 많지 않아 좋다. 일출 30분 전부터 입장이 가능하다. 모든 사적지의 출입은 남성과 여성이 각기 다른 문으로 한다. 델리에서 1Day Tour 하는 버스들 도착 전이어서 한적하다(입장료 1,300Rs).

붉은 사암과 하얀 대리석으로 건축한 이슬람 양식의 로얄 게이트(출입문)에는 아라비아어로 코란 문구가 새겨져 있다. 입장할 때 생수 한 병과 부직포로 만든 신발커버를 준다. 로얄 게이트 정문 위 앞쪽에 11개의 차토리와 뒤쪽에도 11개의 차토리, 총 22개의 차토리를 설치하였는데 이것은 타지마할이 22년(1631-1653)에 걸쳐 완성된 것을 의미한다. 차토리는 산스크리트어로 우산을 의미하는데 둥근 돔 모양의 작은 첨탑이다.

세상에서 가장 아름다운 무덤 타지마할은 무굴제국의 황제였던 '샤 자한'이 아내인 '아르주만드 바누 베감'을 기리기 위해 아그라의 자무나 강가에 1631년에 짓기 시작하여 22년에 걸쳐 완성한 무덤으로 '뭄타즈 마할'을 지었다고 한다. 이는 '선택받은 궁전'이라는 뜻으로 '타지마할'로 바뀌었다.

샤 자한은 북쪽의 파미르고원에서 남쪽의 데칸고원, 동쪽의 아삼에서 서쪽의 칸다하르까지 인도제국에서 가장 넓은 영토를 지배한 '세계의 왕'으로 불린 지배자였다.

샤 자한은 두 번째 왕비로 시장에서 장신구를 팔고 있던 17세의 천민 '아르주만드 바누 베감'을 맞아들였는데, 선왕인 자항기르는 직접 '궁전의 꽃'이라는 의미의 뭄타즈 마할(Mumtaz Mahal)이라는 이름을 지어주었다. 샤 자한 왕은 세 살 연하의 사랑하는 여인 뭄타즈 마할을 전쟁터에도 데리고 다녔는데, 1631년 왕이 출정한 데칸고원의 전쟁터에서 열네 번째 아이를 낳다가 서른여섯의 젊은 나이로 세상을 떠나고 만다(1595.4.6.-1631.6.7.).

뭄타즈 마할은 죽음을 앞두고 남편에게 "세상에서 가장 아름다운 묘지에 묻어주세요. 천년이 지나도 변하지 않을 당신의 사랑을 보여줘요"라는 말을

남기고 숨을 거둔다. 열아홉 살에 왕과 결혼한 뭄타즈 마할은 19년간의 결혼생활 동안 14명의 자식을 낳았다.

죽은 왕비와의 약속을 지키기 위해 왕비가 사망한 이듬해부터 인도 최고 건축 기술자와 유럽과 아시아의 유명한 건축가들을 초청하여 설계에 대한 자문을 구한 후, 온갖 예술적 정열과 국력을 쏟아 1631년부터 22년간에 걸쳐 이슬람과 힌두교 문화, 페르시아 문화를 융합해 당대 최고의 건축물이 만들어졌다.

건축물을 장식한 재료 또한 점령지였던 곳에서 다이아몬드, 터키석, 루비, 수정, 석영, 홍옥, 백옥, 산호 등 보석과 진귀한 재료를 가져오게 하여 치장했다.

22년 동안 매일 2만여 명의 건설 인부가 동원되었는데 공사기간이 길어지자 이들을 수용하기 위해 인근에 타지간지라는 도시가 만들어질 정도였다고 한다.

뭄타즈 마할은 죽어서까지 사랑받는 남자로부터 받을 수 있는 영원불멸의, 궁전보다 아름다운 안식처를 사랑의 증표로 받은 것이다.

그레이트 게이트의 아치를 지나 눈에 보이는 장식 정원(Ornamental Garden)은 무굴제국 정원의 특징인 사분 정원으로 네모난 정원은 수로와 길을 만들어 4등분 하고, 4등분 한 공간들은 다시 4등분 되어 좌우 대칭을 이룬다. 다시 말해 커다란 정사각형의 정원에 16개의 작은 정사각형 정원이 자리한 모습이다. 중앙의 긴 연못을 지나 정원 뒤로 햇빛을 받아 반짝이는 순백색의 대리석 타지마할이 한눈에 들어온다. 완공 후 366년이 흘렀지만 탄성이 나올 만큼 아름다운 자태이다. 어찌 이렇게 완벽한 대칭을 이룰 수 있나?

하지만 타지마할을 한 바퀴 둘러보면 아름다운 대리석 곳곳이 누렇게 변색했고 얼룩져있다. 대기오염 탓이다. 아그라는 세계에서 대기오염이 가장 심한 20개 도시 중 16위라고 한다. 주변 벽돌공장에서 배출되는 굴뚝의 그을음과 낡은 자동차에서 내뿜는 매연, 먼지, 쓰레기 소각, 농작물 추수 후 짚(밀대) 소각 등으로 타지마할 대리석이 급격하게 변색되어 빛을 반사하는 광택이 점점 줄어 안타깝다.

타지마할 장식은 흰색의 대리석에 꽃 등의 문양을 판 후 그 홈에 각각 아름다운 색깔의 루비, 사파이어, 수정, 터키석, 옥이나 돌을 박아 넣은 기법을 사용해 동틀 무렵부터 해 질 녘까지 햇살이 비치면 순백의 대리석과 보석이 어우러져 오묘한 빛을 발하며 해가 지나는 방향과 각도에 따라 각기

다른 모습으로 변한다. 아침에는 자줏빛이었다가 낮에는 흰색의 대리석이 우윳빛과 푸른색으로, 석양 무렵에는 붉은빛으로 찬란하게 빛난다. 모자이크로 꽃이나 기하학적 문양을 표시한 것은 이슬람에서는 신상이나 동물의 조각을 금했기 때문이다.

건물 4개 면의 30m 높이 아치는 돌의 무게를 지탱해 주는 역할을 한다고 한다. 맨 위 돔에 사용된 하얀 대리석의 무게는 약 1만 톤이라고 한다. 화려한 타지마할의 외관과는 달리 내부는 좁다. 우아한 꽃과 독특한 문양의 조각들로 어우러진 대리석판의 가리개로 둘러싸인 능(陵)은 무덤의 느낌이 아닌 여인의 방처럼 느껴진다. 묘 중앙에는 뭄타즈 마할의 대리석 관이 자리하고, 왼쪽에 샤 자한의 대리석 관이 있다. 뭄타즈 마할의 묘석에는 아랍어로 "왕궁에서 선택된 사람, 뭄타즈 마할"이란 글귀가 새겨있다.

그렇지만 실제 시신은 한 층 아래 지하에 있는 똑같은 형태의 무덤에 안장되어 있다.

타지마할 양쪽으로 동쪽에는 영빈관(Jawab)이, 서쪽에는 붉은 사암으로 지어진 모스크가 메카 쪽을 향해 지어져 있다.

중앙 돔을 중심으로 완벽한 대칭을 이루고 있는 타지마할은 건물을 보다 환상적으로 보이게 하기 위하여 바깥쪽으로 조금 기울게 건축했다. 당시에는 시각적인 효과를 나타내기 위해 이렇게 건축을 했으나, 결과적으로 지진이 발생해도 무너지지 않는 효과를 보게 되었다. 또한 네 군데 탑인 마나레트가 무너져도 건물 안쪽으로 쓰러지지 않게 약간 바깥쪽으로 기울게 건축되어 있다. 이슬람 종교적 건축에서 미나레트는 사원보다 높게 건축하였으

나 타지마할의 미나레트는 본관 건축물을 돋보이게 하려고 일부러 낮게 설계하였다. 타지마할은 높이 7m의 기단 위에 한 면의 길이가 58m이고, 중앙 돔이 세워진 가장 높은 곳의 높이는 65m이다. 반면 동서남북, 네 모퉁이에 세워진 미나레트의 높이는 50m이다.

타지마할을 안내한 현지 가이드가 묻는다. 야무나 강 건너 아그라 성은 툭툭이 요금이 100Rs, 입장료가 650×3=1950Rs인데, 아그라 성의 사정에 따라 입장할 확률이 25%, 입장하지 못할 확률이 75%인데 어떻게 할 거냐고 묻는다.

아그라 성까지 툭툭이를 타고 도착하여 입장이 안 되면 툭툭이 요금과 시간만 소비하는 거라고… 은근히 안 갔으면 하는 눈치다. 난, 안 속는다. 아그라 성에 가자고 했다.

결과는 관람객이 별로 없었고, 아무 문제 없이 입장할 수 있었다. 현지 가이드가 우릴 빨리 보내고 밀려오는 다른 관광객을 받으려고 거짓으로 얘기한 것이다.

아그라 포트는 1573년 완성된 델리의 붉은 성(Red Fort)과 비슷하게 만들어졌다. 1565년경 무굴제국의 악바르 대제(Akbar)가 아프가니스탄과 힌두 건축양식을 혼합하여 세웠다. 그의 손자인 샤 자한 왕이 타지마할을 완성하고 나서 재건축한 성으로 타

지마할이 바라다보이는 북서쪽으로 2.5km 떨어진 야무나 강 언덕에 해자(垓字)를 설치하고 높이 20m, 길이 2.5km의 이중성벽으로 둘러싸인 요새이다. 처음에는 군사 목적으로 지었으나 악바르 대제의 손자인 샤 자한 때는 궁전으로 사용되었고, 1658년 아우랑제브가 왕위를 차지한 후에는 아버지 왕을 가둔 감옥이 되었다. 지금은 전체의 약 25% 면적만 일반에 공개되고 나머지는 군사시설로 사용되어 들어갈 수 없다. 붉은 성채와 내부는 하얀 대리석 건물로 타지마할과 야무나 강을 사이에 두고 마주 보고 있다.

흔히 '아그라의 붉은 성'이라고 한다. 요새와 궁전을 겸했다.

샤 자한 왕은 사랑하는 왕비의 소원을 들어주기 위해 타지마할을 완성했지만 막내아들 아우랑제브에 의해 아그라 성의 '포로의 탑'이라는 무삼만 버즈(Musamman Burj)에 감금되어 생을 마칠 때까지 야무나 강 건너 아내의 무덤인 타지마할을 바라보며 죽은 아내를 그리워하면서 8년을 지내다 숨을 거두었다고 한다. 늙은 황제는 왕비 뭄타즈 마할이 죽은 지 35년, 왕비의 무덤 타지마할 완공일로부터는 18년이 지난 후, 74세를 일기로 숨을 거둔다(1592.1.5.-1666.1.22.). 죽기 전까지 샤 자한은 타지마할을 바라보며 죽은 아내를 그리워했으며, 잠이 들기 전까지 그녀가 잠들어있는 타지마할을 바라보기 위해 자신의 침대 옆에 여러 개의 거울을 설치하기도 했다. 무삼만 버즈는 붉은 성채의 내부에 우윳빛 대리석으로 벽과 바닥, 천장을 화려하게 건축한 집으로 대리석으로 만든 분수와 태양열로 데워진 물을 사용할 수 있는 목욕시설이 갖춰진 호화 궁전이다. 야무나 강의 물을 끌어들여 건물 벽과 바닥에 물이 흐르게 하여 건물 내부의 온도와 습도를 조절하고, 정원에 물을 공급하여 수목을 가꾸는 데 이용했다.

　금색 지붕의 골드 파빌리온 대리석 난간에서 강 건너 타지마할이 보인다. 타지마할이 귀신이 뛰노는 장소라면 아그라 포트는 영혼이 쉴 수 있는 장소처럼 더 정감 있게 느껴진다.

　아그라에서 델리까지 고속도로는 통행하는 차량이 별로 없다.
　우리나라와 다른 점은 오토바이가 고속도로에서 달릴 수 있다. 그것도 뒤에 사람을 태우고.

5/6(6일째) ★ 헤나(henna)를 한 외손자

　인디아 게이트(India Gate)는 뉴델리 중앙 교차로에서 동쪽으로 육각형 모양의 공원에 파리의 개선문과 비슷한 웅장하게 지어진 높이 42m의 아치형 전승기념물이다.

　영국의 식민 시절, 영국의 독립 약속을 믿고 제1차 세계대전에 영국 병사로 참전하여 전사한 인도인의 넋을 기리기 위해 1921년에 착공하여 10년 만에 완성하였다. 벽면에 전사한 영국령 인도제국 군인 9만여 명의 이름이 새겨져 있고, 아래에는 이를 추모하는 불멸의 불(Amar Jawan Jyoti)이 점화되고 있다.

이웃 나라와는 다른 행동이다. 당시 지배국이었던 영국은 전쟁에 영국 병사로 참전하여 희생된 인도인의 넋을 기리기 위한 기념비를 만들어 이를 추모하고 있으나, 일본은 강제 징용되어 일본군으로 사망한 한국인 희생자들을 "전사한 시점에서 일본인이었기 때문에 사후에도 일본인이라 하지 않을 수 없다"라는 입장 아래 2만1천여 명이 넘는 한국인 위패를 2차 세계대전 전범들과 함께 야스쿠니 신사에 합사하고 있다. 한국 정부와 태평양전쟁피해자보상 추진협의회 소속 유족들의 끈질긴 위패 반환 요구에도 "일본 군인으로 싸우다 죽었기 때문에 합사는 당연하다"는 입장을 견지하고 있다.

일본군 강제징용 희생자 문제도 그렇지만 일본기업 현지에 징용되었던 강제징용 피해자에 대한 대법원의 배상 판결에 대해 적반하장인 경제보복을 가하는 일본의 민낯을 보며, 가깝고도 먼 이웃을 다시금 새겨본다.

바로 뒤편 공원의 중앙에는 1971년 인도-파키스탄 전쟁에서 희생된 병사들을 추모하기 위한 아치형 불꽃 모양의 조형물이 있다.

코넛 플레이스의 영화관을 찾았다. 복합 상영관이 아니라 달랑 2개의 상영관일 뿐이다. 볼리우드를 기대했는데 실망이다. 인도영화를 감상하려 했는데 둘 다 관람한 영화 어벤져스(Avengers)와 Blank이다.

코넛플레이스는(Connaght Place) 여러 개의 원형 블록으로 된 상업지역으로 가운데에는 공원을 겸한 원형광장이, 그리고 그 주변을 상점들이 둘러싸고 있는 형태로 올드델리와 뉴델리의 중간에 위치한다. 영국인들이 올드델리에 불편함을 느껴 쇼핑과 레크레이션 위주로 건설한 뉴델리의 심장부다. 겹으로 이루어진 건물구역은 안팎으로 7개의 건물을 A~F블록, G~N블록으로 나누었다. 거리를 구경하며 빙 돌면 원점으로 돌아오는 구조이다. 여행자의 거리인 빠하르간지와 뉴델리역은 약 1.8km 거리에 있다.

인도에서 처음으로 그럴듯한 커피점을 발견했다. 스타벅스 뉴델리 1호점으로 A블록 끝자락에 있는데 1, 2층으로 된 매장에 빈자리가 없을 정도이다. 커피값은 우리 돈으로 6,000원 정도이니 비싼 셈이다. 코넛플레이스 건물 외벽의 온도계가 42℃를 나타내고 있다.

더운 날씨에 공기는 텁텁하고 눈은 따갑다. 뉴델리 시내는 미세먼지에 뒤덮여 뿌옇다. 마스크를 가져왔지만 인도 사람들은 그냥 다니는데 우리만 마스크를 쓰기도 그렇고, 또 마스크를 쓰더라도 날씨가 더워 갑갑하다. 뉴델리는 세계 주요국가 수도 중 연평균 초미세먼지 농도가 가장 높은 도시다. 대기의 미세먼지 상태가 세계보건기구(WHO)의 권고기준을 40배나 초과해 뉴델리 전체가 가스실 수준이다. 아~ 목 아파~ 연평균 기준으로 미세먼지 농도 1위는 뉴델리, 서울은 27위이다.

거리에서 바구니에 코브라를 넣고 있다가 외손자가 다가오니 뚜껑을 열고 피리를 불며 관심을 끌더니만 코브라를 머리에 올려놓고는 사진을 찍게 하고 돈을 요구한다. 얼마를 줄까? 했더니 큰돈을 요구한다. 값을 십 분지 일

로 깎았다.

　인디아 게이트와 인접한 라지파드(Rajpath) 길거리에서 코브라를 보니 '코브라 효과'라는 말이 생각난다. 주된 의미는 어떤 문제를 해결하기 위한 대책을 내놓았는데 문제가 해결되기보다는 오히려 더욱 악화하는 결과를 낳는 현상을 말하는 경제용어이다. 즉, 좋은 결과가 일어날 것을 예상하고 어떤 정책 또는 결정을 내리지만, 실제는 전혀 생각지도 못한 반대의 결과가 일어날 수 있다는 것이다.

　Cobra Effect(코브라 효과)는 과거 영국의 식민지였던 인도에서 있었던 일이다. 주민들이 독사인 코브라에 물려 죽거나 다치는 인명사고가 자주 발생하자, 이를 막기 위해 코브라를 잡아오면 포상금을 주는 정책을 펼쳤다. 코브라를 잡는 일은 매우 위험했지만 포상금을 받는다는 욕심에 너나없이 코브라를 잡아 가져왔다. 정부는 많은 포상금을 세금으로 처리해야 했지만 정책은 나름대로 성공을 거두는 것 같았다. 주민들이 거주하는 마을에 코브라가 많이 사라져 인명피해가 줄어든 것이다. 그런데 시간이 갈수록 뭔가 이상한 일이 생기는 것이었다. 분명히 코브라가 줄어들며 인명피해는 감소했지만, 코브라를 잡아와 포상금을 받아가는 사람들은 오히려 줄어들지 않고 늘어나고 있었다. 아무래도 이상하다고 느낀 정책 담당자들이 포상금을 받아가는 사람들을 조사해 보니 놀랍게도 그 사람들은 코브라 농장을 만들어 사육하고 있었다. 숲과 거리에서 힘들고 위험하게 코브라를 사냥하는 것이 아니라 농장에서 기른 코브라로 안전하게 포상금을 받고 있었고, 인도 전역에서 코브라 농장이 성업 중이었다. 인도인들이 코브라를 집집마다 키우면서 개체 수가 더욱 늘어난 것이다. 정부는 결국 코브라 포상금제도를 폐지하게 되었다. 문제는 그다음부터였다. 코브라 포상금제도를 없애자 사람들은 쓸모없어진 농장의 코브라를 집 밖으로 버리게 된다. 자연으로 방사한 코브라는 더욱 늘어나게 되었고, 코브라로 인한 인도 국민들의 피해는 포상금을 주기 전보다 더욱 심각해졌다. 코브라의 역설(Cobra Paradox)이라 할까?

정책은 정책일 뿐(잘못되지 않았는데) 어떻게 적용(이용하는 사람들은 악용)되느냐에 따라서 전혀 다른 결과를 일으키는 것이다.

외손자가 팔에 헤나(henna)를 하고 왔다. 인도에서는 멘디(mehndi)라고 하는데 열대성 떨기나무인 '로소니아 이미너스'의 잎을 따서 말린 다음 가루로 만든 염색제인데, 갈색 가루를 물과 섞어 피부에 문양이나 그림 또는 글씨를 새긴다. 피부의 진피층에 주사기로 녹지 않는 인공색소인 잉크를 주입하여 영구적으로 남는 문신(tattoo)과는 다르게 천연색소를 사용한 헤나는 시술 후 하루 정도부터 선명한 무늬가 나타나 일주일에서 2주 정도 하루하루 염색 효과가 조금씩 줄어들면서 사라진다. 호텔 입구에서 헤나를 권유하기에 돈이 없다고 호주머니를 뒤집어 보여줬더니 공짜로 해줬다고 좋아한다.

5/7(7일째) ★ 무굴의 기숙사 후마윤 묘(Humayun's Tomb)

델리에 세계문화유산 3개가 있는데 레드포트와 꾸뜹미나르, 그리고 후마윤의 묘이다.

후마윤 묘지(Humayun's Tomb)에 가기 위해 툭툭이를 탔다. 툭툭이 운전사는 입장권을 구입해야 한다며 정부가 운영하는 티켓 판매처에 들러야 한다고 한다. 운전사가 우리를 태우고 찾아간 곳은 관광회사였다. 어리바리하고 조금만 허점이 보이면 파고든다. 호텔에서 불러준 택시(툭툭이)를 타도 이렇게 빈틈을 노린다. 호텔-운수회사-관광회사 모두 짬짜미하는 한통속이다. 관광회사를 이용하지 않고 그냥 가겠다니까 아홉 시가 조금 넘은 시각인데, 운전사 말이 후마윤 무덤은 열한 시가 돼야 문을 연다고 훼방을 놓는다. 이렇게 뻔한 거짓말을 아무렇지 않게 해댄다.

후마윤 묘는 무굴제국의 초대 왕인 바부르의 아들로, 2대 왕인 후마윤의 무덤이다. 왕이 죽으면 후대 왕을 승계한 왕의 지시로 무덤을 조성하는데, 왕이 죽었을 당시 후계자인 장남의 나이가 열세 살이었다고 한다. 후마윤은 왕이 되었다가 아프간계 수르왕조인 셰르샤에게 쫓겨나 카블에서 15년 유랑생활 끝에 페르시아 사파비 왕조의 지원으로 델리에 입성하여 다시 황제에 오른 인물이다. 그가 왕에 오른 지 6달 만에 궁정 도서관 계단에서 자신의 옷자락에 걸려 헛발을 디디는 바람에 어이없이 실족사하자, 사랑하는 남편을 기리기 위해 그의 페르시아 출신 아내였던 하지 베굼(Haji Begum)의 지시로 8년(1562-1570)에 걸쳐 후마윤 묘가 지어졌다.

이사 칸 니야지(Isa Khan Niyazi) 묘

페르시아 정원양식인 정사각형 모양의 차하르바그(Chaharbagh) 형식으로 묘지 부지에 정사각형의 정원을 만들고 물길을 조성했다. 물이 귀한 이슬람문화에서 물이 고이는 곳이 바로 천국이라는 개념이다. 이러한 무굴제국의 건축 양식은 이후 지어지는 건축물에 큰 영향을 끼쳤다. 인도 최초의 수로가 있는 정원식 무덤이다. 82년 후 완공된 타지마할도 후마윤의 묘와 같은 양식이다. 붉은 사암과 흰 대리석으로 만든 묘지는 아내 베굼이 죽어 함께 묻혔다. 타지마할이 남편이 아내를 못 잊어 만든 묘지라면 반대로 후마윤 묘지는 아내가 남편을 위해 정성 들여 만든 무덤이다.

입구를 통해 곧장 앞으로 가면 후마윤의 무덤이 보이고, 오른쪽으로 가면 돌담에 둘러싸인 정원의 중앙에 팔각형 건물로 둥근 대리석 돔의 끝부분이 파란 무덤이 나오는데 '이사 칸'의 묘이다. 24개의 아치가 떠받치고 있는 단층 건물이다.

Isa Khan Niyazi(이사 칸 니야지)는 무슬림 위인으로 이 묘는 이미 후마윤의 묘가 만들어지기 20년 전에 조성되었다고 한다.

후마윤 묘는 높은 계단을 올라 한 변이 90m인 기단 위에 정사각형 모양의 묘실을 조성하고, 38m의 커다란 돔 아래 하얀 대리석 탑을 만들고 묘에는 황제를 비롯한 베굼왕비와 그의 가족들이 돌무덤이 있다.

내부는 화려한 타지마할에 비하면 소박하다. 대리석 관이 작아서 그런지 내부 공간이 넓고 크게 보이고, 그렇기에 더 엄숙하고 경건한 마음을 갖게 한다. 입구 안내문에 150여 기 이상 조성한 이곳을 'Dormitory of the Muh gals'라고 쓰여 있다. 직역하면 '무굴의 기숙사'이다. 왜 자기 조상들 묘에 제국(Empire)이라는 표현을 안 썼을까? 그리고 왕가의 묘지 또는 공동묘지(Cemetery)라는 표현도 없다. '무굴의 기숙사'라고 표현한 후마윤 묘지 오른쪽 뒷면에 후마윤의 이발사 묘지도 있다. 얼마나 총애를 받았기에 황실 가족묘에 묻힐 수 있었을까?

인도인의 종교는 힌두교 81%, 이슬람교 13% 기타 6%라고 한다. 그런데 대부분의 유적지는 무굴제국 때 건설된 이슬람문화 잔존물(힌두문화와의 융합도 있지만)로 인도의 관광수입에 기여하고 있다. 힌두교와의 극심한 종교갈등으로 분리된 파키스탄은 97%의 국민이 이슬람이다. '순수한 나라'라는 의미의 파키스탄 입장에서는 속이 상할 노릇이다.

후마윤의 묘에서 로터스 템플(Lotus Temple)에 가기 위해 툭툭이를 탔다. 탈 때 미리 흥정을 하고 200루피에 가기로 했는데, 차들이 쌩쌩 달리는 도로에 툭툭이를 세우고는 50루피를 더 달라고 한다. 어쩌겠는가~ 기분은 좋지 않지만.

로터스 템플은 '바하이교'의 사원이다. 사원의 외관이 연꽃을 닮았다고 하여 연꽃 사원이라 부른다.

바하이교는 최근의 신이라고 할까? 석가모니, 예수, 무함마드, 조로아스터 등을 포함하는, 신들을 아우르는 신흥종합종교라 할까? 바하이 교리의 핵심은 종교의 통일과 인류의 통일에 있다 한다.

그래서 그런지 로터스 템플은 하루 4번의 기도시간이 있는데, 이때 종교와 관계없이 예배당에서 누구나 자신의 신앙에 맞게 기도할 수 있다고 한다. 기도 장소를 빌려주는 사원으로 모든 종교인들과 인종들에게 개방되어 있다. 인도에서는 드물게 한글로 된 바하이 예배원 안내 팸플릿이 놓여 있다.

　　하얀 대리석으로 27개의 연꽃이 피어나는 형상을 표현한 직경 70m, 높이 34.27m의 연잎으로 된 외양을 9개의 연못이 둘러싸고 있다.
　　바하이 예배원의 공통된 특징은 모두 아홉 개의 면으로 구성되어 있다는 것이다. 연꽃잎도 삼 겹의 아홉 개로 27개, 연못 숫자도 9개로 아홉은 아라

비아숫자 중 가장 큰 숫자이며 포용(包容), 단일성, 융합을 상징한다고 한다.

예배원 건립은 1953년 취득한 부지에 전 세계 바하이들과 인도 바하이 공동체의 자발적인 헌금으로 1980년부터 6년간 공사 끝에 세워졌다.

호텔을 코넛플레이스 부근으로 옮겼다. 여행자의 거리 빠하르간지의 호텔보다 편하기는 하지만 레스토랑의 음식 가격이 너무 비싸다. 인도는 이해가 안 되는 게 부가세 없는 곳도 많은데 30%의 서비스료와 부가세를 청구한다. 빠하르간지의 가게보다 물 한 병 값이 15배이다.

노예왕조가 건설한 꾸뜹 미나르

호텔 룸으로 배달된 95년 전통의 델리신문 힌두스탄타임즈 스포츠면에 손흥민이 다시 토트넘으로 돌아왔다는 사진이 크게 실려있다. 피파 랭킹 106위의 인도에서도 손흥민은 인기 짱이다. 파이팅! SON!

꾸뜹 미나르(Qutub Minar) 유적군은 코넛플레이스에서 남쪽으로 16km 지점 메트로 Yellow Line 꾸뜹 미나르역 또는 사켓(Saket)역에서 내려 도보 1km에 위치한다. 유적군은 800년 전인 13세기 인도 최초 이슬람왕조인 노예왕조(Slave Dynasty) 시기에 만들어졌다.

미완성 탑, 알라이 미나르

시작했으나 1315년 1층을 완성한 후 암살되어 미완의 상태로 남아있다.

알라이 미나르 남측으로 쿠와트 울 이슬람 모스크 사원 내에 꾸뜹 미나르와 뜰 한가운데에 철 기둥이 박혀있다.

호화로운 탑, 꾸뜹 미나르는 일명 승리의 탑이라 불리는데, 술탄 꾸뜹 우딘(Qtbuddin)은 노예 출신으로 술탄의 지위에 올라 인도 최초의 이슬람왕국을 건설한 지배자로, 1193년 델리의 힌두왕조를 정복한 기념으로 건설하였다. 힌두교에 대한 이슬람교의 승리를 기념한 꾸뜹 미나르 승리의 탑 바닥 직경은 15m로 꼭대기로 올라갈수록 조금씩 가늘어지는 모양을 하고 있으며 건립 당시 높이 72.5m의 첨탑은 현재까지도 벽돌을 쌓아 만든 미나렛 중에서 가장 높다.

1~3층은 붉은 사암의 벽돌, 4~5층은 대리석과 사암으로 건축하였는데, 정복자 꾸뜹은 첫 번째 층은 힌두양식으로, 2~3층은 꾸뜹의 사위이자 후계자인 일투미시(Illtutmish)가 이슬람양식으로 미려하게 지은 탑이고, 4층과 5층은 후대 술탄들이 증축한 결과물이다. 붉은 사암에 새긴 추상적이고 정교한 문양과 이슬람 문자로 코란의 구절들을 아름답게 새겼다. 층마다 발코니가 있고 좁은 380개의 계단을 거쳐 꼭대기에 오르면 델리 시내를 조망할 수 있었다는데 비좁은 계단에서 인명사고가 자주 발생하여 1981년 압사사고가 일어난 뒤로 출입을 금하고 철문이 잠겨있다.

꾸뜹 미나르(Qutub Minar), 1193년 힌두왕조를 정복한 기념의 '승리의 탑'이다.

꾸와뜨 울 이슬람 모스크(Quwwat-ul-Islam Mosque)는 힌두왕조를 정복하고 힌두사원을 무너뜨린 자리에 지어졌다. '꾸와뜨 울'은 '이슬람의 힘'(Might of Islam)을 뜻하는 말로, 인도에 건설한 최초의 이슬람 사원이다.

인도 델리의 통치자로 임명된 꾸뜹 웃 딘 에이백(Qutb-ud-din-Aibak)은 델리 일대의 힌두교와 자인교 사원을 무자비하게 부숴버리라는 명령을 내린 후, 파괴된 사원의 신상과 상징물을 부수어 이슬람 사원의 바닥과 기단을 만들었다. 이교도들이 우러렀던 신성한 상징을 이슬람 사원의 바닥으로 만들어 발로 짓밟고 다니게 했던 것이다. 선지자 무함마드가 630년 메카를 정복하면서 "진리가 이제 왔으니 거짓은 무너졌도다" 하며 외치고 모든 우상을 파괴한 것처럼, 힌두교 사원 자리에 건축한 이슬람 사원의 건설노역은 포로로 잡은 힌두교도를 시켰다. 얼마 전까지 자신들이 우러러 숭배하던

힌두의 신상이 무너지고, 산산이 조각난 신전을 자신들의 손으로 깨뜨려 자
갈을 만든 뒤 이슬람 신전 바닥에 깔았다. 노역에 동원되었던 포로들은 힌
두의 사상대로 윤회(輪回)와 업(業)을 되새기며 다음 생을 기약하거나, 힌두
교 세 신 중의 하나인 시바 신(파괴와 재생의 신)을 원망하며, 강제노동의 고
통보다 이교도에 치욕을 당한 힌두신에게 절망과 슬픔이 더 크게 느껴졌을
한 맺힌 모스크이다.

지진으로 무너진 '꾸와뜨 울 이슬람 모스크', 기둥은 힌두양식이다.

지진으로 파괴된 뒤 복원하지 않아 폐허가 된 모스크 안뜰에 검은색의 철
기둥(Iron Pillar)이 있는데, 경비원 두 명이 감시하며 보호하고 있다. 이 철
기둥은 꾸뜹 미나르가 지어지기 훨씬 전인 4~5세기 인도를 맨 처음 하나로
통일한 찬드라굽타 시절에 만들어 세운 높이 7.2m의 쇠기둥으로, 신기하게
도 녹슬어 산화되지 않고 매끈한 자세로 서 있다. 철의 함량이 99.72%라 하
는데 당시의 제련기술도 불가사의 하려니와 1,600년 동안 변함없이 버티고

있는 것도 놀랍다. 유적군 모두 지진으로 허물어졌다는데 꾸뜹 미나르만 온전하게 남아있다.

찬드라굽타 왕조 2세를 기리기 위
해 비슈누파다(Vishnupada)로 알
려져 있는 언덕에 비슈누 신의 기
둥으로 세워졌다고 기록되어 있
다. AD 1233년 인도 마디하야 프
라데쉬(Madhaya-Pradesh) 주
의 비디사(Vidisa) 지역의 우다이
기리(Udaigiri)에 있던 것을 일투
투미쉬가 옮긴 것이라고 한다. 위
로 갈수록 조금씩 지름이 가늘어
지는 이 수직 철기둥의 총 길이는
24ft(7.2m)이며 3ft(90cm)는 땅속

에 묻혀있다. 대략 6,000kg의 철주는 기둥을 둘러싼 보호막인 인(燐) 함유량이 철 기둥을 녹슬지 않게 하는 놀라운 기술을 만들었다. 인도에서 1,600년 전에 이미 생산해 낸 것을 1851년 전까지 기술적으로 녹슬지 않는 철 기둥을 생산하지 못했다. 이 연구는 1912년 로버트 핫필드 경에 의해 최초의 연구가 되었으며 국립야금 실험실과 TATA 철강회사에서 연구가 이루어졌다.

오후에는 암리차르(Amritsar)로 이동하기 위해 기차를 이용하기로 했다.

암리차르는 뉴델리에서 기차로 6시간이 소요된다(거리 450km). 암리차르는 파키스탄 국경 라호르에서 동쪽으로 32km 정도 떨어진 곳에 위치한다.

델리역은 언제나처럼 북적인다. 대합실에 여행객들이 앉아있을 만한 의자 수가 적어 사람들은 바닥에 앉아있거나 누워있다.

플랫폼 책 판매대에서 책을 구경하고 있을 때, 여행객이 다가와 진열된 책 중에서 하나를 권한다. 책 제목은 After Life(死後世界)이다.

이 세상도 잘 모르는 나에게 '죽은 뒤의 세상'을 권한다. 웃으며 '난 아직 죽을 때가 아니다. 그리고 아직 세상을 잘 몰라! 지금 알아가는 중이야!'라고 했더니, 다시금 좋은 책이니 읽어 보라고 권한다. 하드 표지에 두꺼운 책이다. 또 다른 책을 소개하더니만 자기 가족을 소개해 주겠다고 나를 데려갔다. 플랫폼에서 기차를 기다리고 있던 가족을 소개한다. 수염이 멋지다는 처남을 소개하고, 아내와 장모 등 가족들과 함께 사진을 찍자고 한다. 친절함과 사교성 많은 인도인이다.

차창 밖으로 보이는 농촌 풍경은 각양각색이다. 따뜻한 지역이라 2~3모작이 가능하여, 추수가 끝난 경작지와 모내기를 위해 준비하고 있는 논, 밀 농사가 끝나고 불을 질러 주변에 연기가 자욱하다. 추수를 끝내고 태우는 밀대는 미세먼지의 원인이기도 하다.

기차가 출발한 지 한 시간쯤 되었을 때 식사 서비스가 시작된다. 먼저 밀크 티가 나오고 쟁반에 스낵, 토마토 수프, 빵과 커피가 곁들여진다. 17년 전 인도의 기차 여행과는 딴판이다. 그땐 쥐와 함께한 여행이었다. 좌석에 배낭을 체인으로 묶어놓은 옆으로 살찐 커다란 쥐가 먹을 것을 찾아다니는 풍경이었었는데, 그때 그 쥐들 후손들은 보이지 않고, 깨끗한 기차 내부는 에어컨이 너무 가동되어 추울 지경이었다.

승객들은 시크교도가 많아 대부분 큰 골격에 알록달록한 터번을 쓰고 수염을 멋지게 기른 사람들이다. 또 한 시간쯤 지나자 커리와 밥, 요구르트를 곁들인 식사가 나왔다. 마지막에는 아이스크림까지 나왔다. 이게 뭐냐고 물으니 디너라고 한다. (인도가 언제부터 이렇게 풍요롭고 잘 살았나?)

급행열차가 멈추는 도시의 풍경은 릭샤와 툭툭이는 거의 없고 오토바이가 다닌다. 기차 내부를 순찰하는 철도경찰의 복장은 터번을 두르고 수염을 기른 시크교도이다.

밤에 들판을 태우는 불꽃이 장관을 이룬다. 시베리아 횡단열차에 비하면 속도가 훨씬 빠르다. 인도철도 네트워크는 2000년대 초반까지는 세계 1위였으나 지금은 러시아에 1위 자리를 내주었다. 그렇지만 총연장 64,000km로 코레일의 철도 총연장 3,300km와 비교하면 그 크기를 가늠할 수 있겠다.

암리차르에는 밤 10시 30분에 도착했다.

5/9(9일째) ★ 시크교의 성지 암리차르 & 인도-파키스탄 국기 하강식

새벽 다섯 시 시크교 사원인 골든 템플을 찾았다. 시크교의 총본산인 암리차르의 Golden Temple은 24시간 열려있다.

시크교는 15세기 후반 '구루 나나크'(Guru Nanak)에 의해 창시되었다. 혼란의 시대에 그는 교리를 펀자브어로 "신은 오직 하나이며 우상이나 신상을 만들지 않는다"고 간단명료하게 표현했는데, 다시 말하면 힌두교도 없고 이슬람교도 없다는 말이다.

유일신 사상을 전파하고, 카스트제도도 부정했다. 사람의 성씨인 카스트제도를 없애기 위해 성씨를 아예 하나로 통일시켰다. 평등을 지향하는 시크교도들은 남성은 모두 싱(Singh), 여성은 카우르(Kaur)라는 성으로 통일하여 쓰게 한다. 각각 사자와 암사자란 뜻이다.

'감로의 땅'이라 불리는 암리차르는 시크교도의 4대 구르(教主)인 '람다스'가 건설한 종교 계획도시로 사원 내부는 밤을 기도하며 보낸 사람, 기도를 끝내고 바닥에 누워 자는 사람, 기도를 마치고 집으로 돌아가는 사람과 새벽 기도를 위해 방문하는 사람들로 혼잡스럽다. 입구를 지키는 시크교도가 내가 쓰고 있던 모자를 벗기고 노랑 두건을 머리에 묶어주며 신발 맡기는 곳으로 안내한다. 남자는 두건, 여성은 얇은 스카프로 머리카락을 가려야 한다. 신발을 맡기면 아라비아숫자가 새겨진 보관 표를 준다. 방문하는 누구나 깨끗하게 발을 씻고 맨발 차림으로 사원을 둘러본다. 사원 안으로 들어가면, 물 위에 떠있는 황금사원을 볼 수 있다. 황금사원의 본래 이름은 하리만디르(Hari Mandir)로 '신의 집'이라는 뜻이다. 동서남북 4개 방향으로 출입구가 나 있는데 이는 평등과 관용의 상징으로 종교, 인종, 신분제도인 카스트에 관계 없이 모든 사람에게 문이 열려있는 예배장소이다. 시크교 왕국

　　실크로드 따라 인도, 파키스탄, 중앙아시아 38일

의 마하라자였던 '린짓 싱'이 황금 450kg을 기부하여 사원 지붕에 덧씌웠다고 한다. 아침 햇빛에 반사되어 불멸의 연못(암릿 사로바, Amrit Sarovar)이라 불리는 암리타라사스의 중심에 지어진 황금사원이 반짝거린다. 연못 속에서 물에 몸을 담그고 기도하는 사람, 연못 주변에서 기도하는 사람, 몇 겹으로 줄 서서 황금사원 안으로 들어가려는 신도들로 북적거린다. 황금사원 내부에 시크교의 경전인 '그랜드 사힙'이 모셔져 있는데, 시크교는 신상을 모시지 않는 종교이므로 성물인 '그랜드 사힙'을 보려면 오랫동안 줄을 서서 기다려야 한다.

황금사원 주위의 인공호수 암릿 사로바 주변을 한 바퀴 돌았다. 참배하는 시크교도를 위해 무료식사를 제공하는 식당 '구르카 랑가르'(Guruka Langar)를 운영하고 있다. 매일 7만5천 명에게 무료식사를 제공한다고 한다. 종교, 국적, 남녀 구별 없이 모두에게 제공하는데 배낭여행객들에게는 고마운 선물이다. 식탁과 의자 없이 바닥에 앉아 손으로 먹는다.

시크교는 힌두도 아니고 이슬람도 아닌 힌두교의 신애(信愛: 바크티) 신앙과 이슬람의 신비사상(神秘思想)이 융합되어 탄생한 종교로 세계 5대 종교 중의 하나로 전 세계적으로 2천5백만에 이르는 신자가 있다 한다.

힌두의 나라 인도에서 전임총리(13대, 만모한 싱)가 시크교도였다. 인도 전체인구에서 힌두교도는 81.5%, 시크교도는 2.4%이니 인도에서 종교의 자유는 물론 힌두교 아닌 타 종교도 존중받고 있다는 증거이다.

아침 식사 후 인도-파키스탄 국경인 와가(Wagah)로 이동했다. 국경까지는 택시 또는 릭샤를 이용하면 된다. 짐이 많으면 택시를 타고 그렇지 않다

면 릭샤를 이용하는데 대략 한 시간 정도 소요된다.

간디 초상이 걸려있는 커다란 인디아 문을 통과하면 파키스탄이다.

커다란 문 위에 '카라쿨 햇'이라고 하는 양털로 만든 이슬람 모자를 쓴 온화한 얼굴의 사진이 걸려있다. 대통령으로 짐작하고 경비군인에게 이름을 물어보니 파키스탄 화폐 1,000루피를 꺼내 보여준다. 파키스탄 최고액권 5,000루피 화폐에도 그려져 있는 인물로 정치가 진나 모하메드 알리(Jinna hi Mohammed Ali)이다.

진나는 파키스탄 건국의 아버지로 추앙받는 민족운동 지도자로 영국 식민
시대에 영국 유학 후 귀국하여 힌두교와 이슬람교의 갈등 속에서 고심하다
가 '두 민족론'을 내세워 이슬람과 힌두교는 함께할 수 없으니 각 종교에 따
른 국가를 세워야 함을 주창하고 투쟁하였다. 그 결과 1947년 8월 14일 분
리 독립하는 성과를 이끌어내고 파키스탄의 초대 총리가 되었으나 노환으로
1년 만에 72살의 나이로 사망했다.

파키스탄 지폐의 모든 권종(10, 20, 50, 100, 500, 1000, 5000루피)에는
진나 모하메드 알리의 초상이 도안되어 있다.

라호르에 도착하여 오후 3시에 박물관을 방문했는데 문이 닫혀있다. 2시

30분까지가 입장 가능시각이다.

어쩔 수 없이 다시 파키스탄과 인도의 국경으로 갔다. 국기 하강식을 보기 위해서다. 국경에서 1km 떨어진 곳에서 내려 코끼리차를 타야 한다.

해 질 무렵 양쪽 국경에서 인도와 파키스탄의 국기 하강식이 시행된다. 인도에는 국기 하강식 참관 관중을 수용하는 큰 스타디움이 지어져 있고 파키스탄은 작은 규모의 관중석이 마련되어 있다. 두 나라 모두 서로 더 높고 큰 국기게양대를 경쟁적으로 만들어 국기게양대에 나라를 상징하는 깃발이 펄럭이고 있다.

인도 스타디움은 빈자리가 없어 운동장 바닥과 계단에도 사람이 가득하다. 숫자가 만 명도 훨씬 넘는 것 같다. 반면 규모가 작은 파키스탄의 관중석은 사람들이 듬성듬성 모여 있다. 300여 명뿐이다. 국기 하강식에 참여하는 파키스탄 의장병에게 물어보니 라마단 기간이라 그렇다고 한다. 밴드와 분위기를 북돋우는 응원단장이 관중 앞에 나와 춤을 추고 파키스탄이여 영원하라는 '파키스탄 징가바' 구호를 외치면서 흥을 돋우고 관중들의 분위기를 고취시킨다. 관중들두 함께 파키스탄 징가바를 외친다.

인도 쪽은 관중이 많아 함성이 크게 울린다. 드디어 오후 5시 30분, 팡파르가 울리며 양쪽 국경의 철문이 두 나라 병사들에 의해 열린다.

인도 의장병들은 예식을 주관하는 대장의 통제하에 국경수비대의 복장에 닭볏 모양의 터번모자(빨간색의 접는 부채를 펼친 모양)를 쓰고 병정놀이를 하는 것처럼 다리를 높이 올려 발차기를 하고, 절도있게 걷는 모습을 보이는데 과장된 몸짓의 우스꽝스러운 모습을 근엄한 표정과 자세로 행동한다.

　파키스탄 의장병 역시 키가 큰 최고의 정예 군인들이 까만 복장에 검은
부채모양의 모자를 쓰고 다리를 찢어 높이 들어 올리며 큰 소리가 나도록
발로 땅을 구르고, 적을 한방에 부수고 말겠다는 듯 불끈 주먹을 들어 올려
무용을 과시하는 퍼포먼스를 보여준다.

　파키스탄 쪽에선 스피커의 볼륨을 최대로 올려 웬만하면 인도 관중석의
함성이 들리지 않게 북을 두드리며 응원단장이 앞에 나와 관중을 리드한다.

　양국 관중의 함성과 열기 속에 이런 퍼포먼스가 끝나고 인도와 파키스탄
양쪽을 대표하는 군인이 악수를 하며 팔을 크게 세 번 올렸다 내렸다 한다.
이어 천천히 인도와 파키스탄의 국기가 높은 게양대에서 내려지고 의식은
평화로운 내일을 기약하며 끝을 맺는다.

　영국의 지배를 받던 인도식민지는 인도와 파키스탄으로 각각 분리 독립한

다. 영국이 힌두교도가 주도하는 인도국민회의에 독립운동의 권력을 넘기려하자 인도 내의 이슬람교도들이 격렬하게 반발하여 무력 충돌이 벌어졌고, 결국 종교에 따라 힌두교의 인도와 이슬람교를 국교로 하는 파키스탄으로 갈라지게 된다. 파키스탄 독립은 1947년 8월 14일, 인도는 하루 늦은 1947년 8월 15일이다. 국가의 분리로 종교에 따른 대규모 이주가 이뤄지고 종파 간의 폭력으로 분쟁은 지금도 계속되고 있다.

인도 방문 두 달 전(2019.2.27.) 인도와 파키스탄의 영유권 분쟁지역인 카슈미르에서 인도가 파키스탄을 공습하고, 파키스탄은 이에 보복으로 인도 전투기를 격추하여 공군 조종사를 체포하고, 지상에 폭탄을 투하하는 등 두 핵보유국의 충돌로 핵전쟁이 촉발될 것 같아 여행이 걱정스러웠다.

불과 72년 전만 해도 인도, 파키스탄, 방글라데시 이 세 나라가 한 개의 국가였는데, 이 세 나라의 인구를 합치면 18억 명으로(세계인구의 23%) 세계 최대의 인구를 가진 큰 나라가 되었을 텐데 종교로 인해 쪼개진 적대국이다.

하지만 내 눈에 보인 인도-파키스탄 국경의 풍경은 전쟁의 긴장감이 전혀 없는 축제의 현장이다.

국경의 국기 하강식은 단순한 하강식으로 1959년에 시작하여 점점 화려하게 발전되어 매일 '일몰 퇴각'이라는 독특한 의식을 만들어냈다. 이를 통해 3,300km에 이르는 철조망을 사이에 둔 72년 된 두 앙숙이 서로 경쟁하면서도 평화와 협력의 축제의식을 함으로써 상대를 존중하고 관중들에게 볼거리를 제공하고 자국민들에게는 자부심을 고취한다고 한다.

이렇게 인도와 파키스탄 두 나라 국민들의 함성과 환호, 관광객들의 참여와 격려 속에 파키스탄과 인도의 국기는 내려지고 국경의 철문은 굳게 닫힌다. 한반도에서도 남북한이 축제의 국기 하강식을 하면 어떨까? 아니면 남북한 둘 다 영세중립국을 선언하고 국제사회에서 인정받으면 어떨까?

제2장

파키스탄

신장 위구르
자치구

소스트
Sost

울타르 메도우
Ultar Meadow

탁실라
Taxila

카리마바드
Karimabad

라호르
Lahore

파키스탄
Pakistan

5/10(10일째) ★ 이슬람, 페르시아, 힌두, 몽골, 무굴 문화가 융합된 라호르 성

~스탄 돌림자 나라(우즈베키스탄, 키르기스스탄, 투르크메니스탄, 카자흐스탄, 타지키스탄)들의 국명은 모두 민족 이름에서 딴 것으로, 민족 이름의 다음에 붙여 그 민족의 땅이라는 뜻이다. 이와 달리 파키스탄(Pakistan)이란 국명은 한국의 PK, TK처럼 무슬림이 다수 거주하는 펀자브(Punjab), 아프간(Afghan), 카슈미르(Kashmir), 신드(Sindh)에서 첫 글자를 딴 것에 발음의 용이성을 위해 중간에 i를 추가한 것이다. 접미사 stan은 땅을 뜻한다. 우연의 일치인지는 몰라도 Pakistan은 공용어(公用語) 우르두어로 신성한,

깨끗한 땅이라는 뜻도 가지고 있다. ~스탄으로 끝나는 나라들은 모두 이슬람교를 믿고 있고, 투르크족으로 터키어 계통의 언어를 사용하고 있다.

파키스탄 수도는 '이슬람의 도시'라는 의미의 이슬라마바드이다.

파키스탄의 국경도시 라호르(Lahore)는 수도인 이슬라마바드에서 남동쪽으로 383km 거리에 있는 펀자브주(州)의 주도(州都)로서 인구 1,200만 명의 대도시이다. 이슬라마바드는 라마(Rama)와 시타(Sita)의 아들인 라바(Lava 또는 Loh)의 이름에서 유래되었다고 하는데, 1970년 파키스탄 주가 펀자브 주로 재편되면서 주의 주도로 되었다. 라호르는 인구 2억 명의 파키스탄에서 카라치 다음가는 제2의 도시로 카라치가 금융을 담당하고 수도 이슬라마바드가 정치의 중심지라면, 라호르는 공업이 발달한 도시이면서 교통 및 교육의 중심지이다.

한때는 무굴제국의 수도였으나 무굴제국의 힘이 쇠퇴한 후에는 시크왕국의 수도가 되었고 영국 식민지시대에는 영국령 펀자브 중심지였다.

무굴제국의 유적인 라호르 요새(Lahore Fort)는 찬란했던 이슬람의 영화는 어디로 갔는지 성채 주변은 부서진 형태로 남아있다.

파키스탄 입국 이틀 전(2019.5.8.) 라호르에 있는 이슬람 신비주의 소수종파 수피(Sufi)의 한 사원에서 폭발이 발생해 4명이 사망하고 24명이 부상했다는 뉴스를 보고 걱정했는데 라호르 요새는 평화롭다.

'수피'라는 말의 어원은 수프(양모로 짠 직물)를 몸에 걸친 것을 가리키는 말에서 또는 그리스어 소피아(Sopia)에서 전해졌다는 설이 있다. 이 말에서 수피(이 주의를 신봉하는) 및 Sufism(수피즘)이 파생했다. 수피즘은 이슬람교가 수니파와 시아파로 분열된 후, 타락에 대한 반발로서 경건한 이슬람교도들 가운데에서 나타난 분파이다. 이슬람에 대한 믿음이 깊고 신실한 독신자(篤信者)들이 세속으로부터의 탈피를 전제로 금욕과 청빈을 상징하는 거친 양털로 짠 옷을 몸에 걸치고 외면적 무아상태를 강조하는 자기수행과 고행을 한 것이다. 수피즘은 일종의 도취상태에서 시행하는 이슬람 신과의 합일이라는 신비주의라 할까? 수피즘의 수행방식으로 수피댄스가 있는데 원래는 아랍어를 몰라 코란을 읽을 수 없는 사람일지라도 신에게 손쉽게 다가갈 수 있도록 고안된 춤으로 오른손을 하늘로 하여 알라신을 영접하고, 왼손은 땅을 향하게 하여 하늘에서 내려준 알라신의 메시지인 사랑과 평화, 관용을 전한다. 고개를 지구의 자전축만큼 23.5도 오른쪽으로 기울인 상태로 태양을 도는 공전과 스스로 도는 자전을 나타내는 듯 오랜 기간 지속하는 끊임없는 회전으로 신과의 일체가 되는 입신(入神) 상태인 엑스터시(ecstasy)를 경험하게 되는 춤이다.

옛 시가지에 있는 라호르 포트 성벽은 화려하게 색을 입힌 타일(카시)을 사용하여 1566년에 재건축한 성으로 바드샤히 모스크 동쪽에 위치하고 있다. 1025년에 축조된 성은 1241년 몽골군에 의해 파괴되었는데 인도의 마지막 왕조인 무굴제국의 황제 악바르에 의해 다시 지어졌다. 악바르는 인도 아그라에서 이곳 라호르로 수도를 옮기고, 폐허가 된 성터에 성을 다시 지었는데 샤 자한 시대에까지 이어졌다. 성은 동서로는 424m, 남북으로는 340m에 이르는 거대한 성채인데 유네스코 세계문화유산으로 등록되어 있다.

라호르 성은 한이 많은 성이라 할까? 11세기에는 힌두교, 13세기에는 몽골의 지배에 있었으며, 14세기에 이르러서는 티무르 황제가 파괴하고, 16세기에 악바르가 재건했다. 그래서 이슬람과 페르시아, 힌두, 몽골의 문화와 무굴문명의 모습이 융합된 모습으로 남아있다. 라호르 사람들에게는 "이곳을 본 뒤 다시 세상에 태어난다"는 말이 있다고 한다. 그만큼 단순한 유산이 아닌 자부심 그 이상이다.

라호르 성채의 정문인 아치형 알람기리를 들어서면 성벽을 따라 오르막길이 나온다. 성채 안에는 연꽃 모양인 능모가 좌우 대칭으로 세워져 있고, 그 위에 두 개의 첨탑 '차토리'를 올려놓았다.

호화로운 성 내부에 샤 자한이 그의 아내를 위해 지었다는 쉬시마할(Sheesh Mahal)이 있다. 별을 좋아했다는 그녀를 위해 건물 내부 전체에 작은 조각의 거울을 금박을 섞어 작은 보석들로 장식하여 아침, 낮 언제라도 환상의 별을 볼 수 있

게 꾸며 놓았다. 샤 자한은 아내 뭄타즈 마할을 위해 살아서는 쉬시마할을 만들고, 죽어서는 타지마할을 지었다.

라호르 성과 마주한 바드샤 히 모스크(Badshahi Mosque) 는 무굴제국의 전성기인 제6대 왕 아우랑제브에 의해 건설된 모스크로 착공에서 준공까지 불과 2년 6개월밖에 걸리지 않았는데, 노천인 중앙광장은 한 변의 길이가 160m로 10만 명이 예배할 수 있다고 한다. 예배실에 들어가지 않고 회랑만 둘러보려고 해도 신발을 벗어야 한다. 붉은 사암과 하얀 대리석으로 만들었다. 17세기에 실내에 1만, 실외광장에 9만 명이 한자리에 모여 예배를 드린다는 것에 놀라울 뿐이다. 완성 당시에는 세계 최대였으나 현재는 파키스탄에서 이슬라마바드에 있는 파이샬 모스크 다음으로 두 번째, 세계에서 다섯 번째로 큰 모스크이다. 바드샤히(badshash)란 '황제의'라는 뜻이다.

라호르에서 수도 이슬라마바드로 가는 고속도로(Great Drunken Road)는 잘 포장된 왕복 6차선으로 1997년 한국의 대우건설이 시공하였다고 한다. 주변 풍경은 경지정리가 잘 된 평야의 연속이다. 도로 주변 양쪽으로 가로수가 무성하게 자라고 1차 추수를 끝내고 불태운 초지의 연속이다. 수목이 울창한 옆으로 강이 흐르고 수량(水量)도 풍부하다. 구릉지 하나 없는 대평원이 끝없이 펼쳐져 하늘과 땅이 맞닿았다.

기계화 농업이 아니라면 불가능한 넓디넓은 경작지가 이어진다. 1960년대만 해도 우리보다 잘살던 나라였고 1950년대에는 우리나라가 농업기술 원조를 받았던 농업강국 파키스탄은 GDP의 20%를 농업에서 창출한다고 한다.

파키스탄은 우르드어로 '팍'(Pak, 영어의 pure로 순결 또는 순수의 뜻)과 '스탄'(stan, 땅이란 의미)이 합쳐져 순수한 땅이라는 의미도 있다.

인더스문명의 중심인 모헨조다로 유적도 간다라 미술의 산실이었던 탁실라(Taxila)도 파키스탄에 있다. 히말라야의 눈 녹은 물이 인더스 강으로 흐른다. 차가운 물이 하류로 내려와 따뜻해지면서 농경이 일어나고 고대 문명이 만들어졌다. 사실 인더스 강물은 단 한 방울도 인도로 흘러가지 않는다. 모두 파키스탄으로 흐른다. 인더스문명이 일어난 곳은 인도가 아닌 지금의 파키스탄에 해당한다.

고속도로 M2는 최고 제한속도 120km로 1차로 주행차량은 아예 없고 거의 3차로로 주행하다가 추월할 때만 2차로 주행을 한다. 차선도 선명하고 교통표지 등 시설도 훌륭하다. 이슬람국가인데 버스운전을 여자가 하는 게 인상적이다.

라마단 기간이라 고속도로의 차량도 뜸하고 중간에 들른 휴게소와 음식점은 대부분 닫혀있고 최소한의 편의시설로 각각 하나씩 레스토랑과 슈퍼마켓, 커피점만 열려있다.

고속도로 M2를 타고 파키스탄 수도인 이슬라마바드를 200km 앞두고, 젤룸 강(Jhelum River)을 건너면 오른쪽으로 길게 커다란 산맥이 나타난다.

세계에서 두 번째 큰 소금산맥으로(Khewa Salt Mine 또는 Mayo Salt Min
e) 1년 생산량이 35만 톤으로 세계 2위라고 한다. 세계 1위인 폴란드의 비엘
리츠카 암염광산처럼 개발되어 최대 순도 99%의 염화나트륨을 함유하여 식
용은 물론 공업용으로 공급된다고 한다. 히말라야와 접하고 있는 파키스탄
의 암염광산은 2억5천만 년 전에 바다였던 곳이 융기되어 변한 것이라 한다.

이슬라마바드 외곽 마르갈라 산 아래에 있는 파이잘 모스크(Faisal Mosque)를 찾았다. 이슬람의 다른 모스크와 달리 특이한 형태이다. 모스크는 둥근 돔 모양의 지붕으로 되어있는데, 건축형태가 기둥이 없이 지어진 40m 높이 삼각 형태의 텐트처럼 되어있고, 하얀 건물의 네 귀퉁이에 295ft(89m) 높이의 뾰족한 미나렛(첨탑)이 세워져 있으며, 모스크 지붕 꼭대기에는 무슬림을 상징하는 초승달 조형물을 설치했다. 모스크의 둥글지 않고 뾰족한 외관은 베드윈 텐트를 모티브로 표현한 것으로 어느 방향에서든지 완벽한 대칭을 이루는데. 전통적인 이슬람식 돔 구조가 아니라는 이유로 보수적인 무슬림들로부터 많은 비난을 받는다고 한다.

파키스탄은 1959년까지 카라치가 수도였으나, 계획도시 이슬라마바드를 건설해 잠정적인 수도 라왈핀디에서 1967년 수도를 옮겼다. 그해 파키스탄을 공식 방문한 사우디아라비아의 파이잘 국왕이 이슬라마바드에 국립 모스크를 건설할 것을 제안하고, 형제 나라 사우디 정부는 건설비용으로 130만 사우디 리얄(약 120만 달러)을 기부했다.

이를 기반으로 설계공모를 통해 17개국 42개의 디자인 중에서 터키의 건축가 베닷 달로카이(Vedat Dalokay)가 디자인하고 건축자금을 기부한 사우디아라비아의 파이잘 왕의 이름으로 1976년 건축하기 시작하여 1986년 완공하였다. 그러나 이 모스크의 건설에 재정적 지원을 한 파이잘 사우디아라비아 왕은 착공 1년 전인 1975년 정신병을 앓던 조카에게 암살당했다. 그의 사후에 완공된 모스크는 '파이잘 모스크'라는 이름으로 세계에서 가장 큰 모스크이다.

입구에서 신발을 맡기고 햇볕에 데워진 뜨겁고 반질반질한 하얀 대리석 계단을 올라 모스크 내부로 들어갈 수 있다. 내부는 수용인원 1만5천 명의 커다란 기도 공간이다(외부에서는 동시에 10만여 명이 기도할 수 있다고 한다). 천장 한가운데에 중국이 기증했다는 샹들리에가 매달려있다.

모스크를 구경하고 나오는데 파키스탄 사람이 외손자 성묵이를 보고 함께 사진을 찍자고 한다. 한 사람과 함께 사진을 찍으려고 포즈를 잡으면 옆으로 한 사람이 붙고, 또 한 사람 붙고, 1명이 2명이 되고 3~4명, 5명 이렇게 계속 늘어나 단체사진이 된다.

갈 길이 바쁜데 파키스탄 사람들 사진요청 들어주느라 일정이 늦어지고 있다. 인기 짱! 성묵!

저녁 7시가 되자 라마단 금식해제를 알리는 사이렌이 울린다. 이미 한 시간 전부터 광장에는 마을 사람들이 모여 코란 기도문을 암송하기 시작했다. 서로 마주 보고 늘어앉아 얘기를 나누다 금식해제를 알리자 함께 음식을 먹는 향연으로 축제 분위기이다.

* 라마단(Ramadan)은 이슬람력(태음력)에서 아홉 번째 달의 이름이다. 이슬람교에서 <코란>이 계시(啓示)된 달이라 하여 이 한 달 동안 기독교의 사순절처럼 내면적 성찰과 금욕, 금연을 한다.

아랍어로 '메마름' 또는 '타오르는 더위'를 뜻하는 '아르 라마드'(Ar-Ramad)에서 유래했다. 낮 동안 금식을 하는데, 낮이라 하는 것은 흰 실을 검은 실로부터 구별할 수 있는 시간을 의미한다고 한다.

무슬림들은 이 기간에 경건한 생활을 함으로써 알라에게 더 가까이 다가가 기쁨과 용서를 구하길 원하며, 배고픔을 통해서 가난한 사람들의 처지를 이해하며, 이를 통해 인내력 증진과 인격수양을 원한다고 한다. 육체적인 어려움을 통해 영적인 부분을 살찌게 하고, 그동안의 잘못을 신으로부터 사함받는 특별한 기회를 갖고 이슬람 세계관으로 더욱 깊이 들어가는 것이다.

호텔 객실에 라마단 기간이라 외부 음식물 공급이 안 된다는 안내문과 코란이 준비되어 있고, 기도할 때 바닥에 깔 수 있도록 카펫이 준비되어 있다.

저녁 식사를 하기 위해 식당을 찾고 있는데 꼬치구이 집에서 풍기는 냄새

가 코를 자극한다. 레스토랑마다 앉을 자리가 없어 호텔에서 멀리 떨어진 식당을 찾았다. 홀 안이 젊은이들로 꽉 차있다. 다행인지 자리가 딱 한 개 있다고 안내한다. 메뉴에 콤보(combo)처럼 Mongolian Beef와 새우요리(prawn in oyster) 두 가지를 주문하고 추가로 150Rs만 더 내면 치킨요리가 나온다. 볶음밥을 추가하고, 서비스로 레몬주스가 나오고…

지배인이 식사 중간에 2번이나 찾아와 음식 맛이 어떠냐고 묻고는 더 필요한 것을 묻는다. 성묵이가 맛도 있지만 미국의 식당에서도 지배인이 1번밖에 챙겨주지 않는데 친절하다며, 다음에 시원할 때 이슬라마바드에 오면 이 레스토랑을 또 들르자고 한다. 레스토랑 이름이 특이하게도 Two Broke Engineers이다. 셋이 먹고 남아 포장해 달라고 했다.

계산할 때, 고객 설문지를 주기에 음식 맛도 좋고 종업원 서비스가 excellent라고 적었더니 그들도 기분이 좋았나? 문 앞까지 배웅하고 문을 열어주며 감사하다고 인사한다.

레스토랑 건너 서점이 환하게 불을 밝히고 있다. 저녁 늦은 시간이라 문은 닫혔지만 3층 건물로 이루어진 이 서점은 책으로 가득 차 있었다. 서점에서 책을 고르는 시간은 마치 좋은 친구를 기다리는 것처럼 기분이 좋다. 사람들이 행복해 보일 때는 서점에서 책을 고르는 모습과 콘서트장에서 공연이 끝나고 나올 때의 표정이다. 영업시간이 종료되었지만 문 닫힌 서점 안을 바라보는 것만으로도 기분이 좋아진다. 대형서점 이름은 '사이드 북 뱅크'(Saeed Book Bank)이다. 전통의상 상점에서 파키스탄 전통의상 쿠르타를 구입하여 성묵이한테 선물했다. 상의가 헐렁하고 거의 무릎까지 내려오는 긴 스타일의 원피스 옷이다. 하의는 구르타 파자마(Kurta Paijama)이다.

5/11(11일째) ★ 새벽을 깨우는 무아진(Mu'adhdhin)의 아잔 (Azan) 소리

새벽에 인근 모스크에서 예배시각을 알리는 소리에 잠을 깼다. 구슬픈 소리를 들으면 거역할 수 없이 모스크로 기도하러 다가오라는 명령처럼 들린다. 아잔(Azan)이라고 불리는 이 소리는 이슬람교에서 모스크 첨탑에 올라가 신도들에게 예배시간을 알리는 소리인데, 이렇게 염불을 읊조리듯이 소리치는 육성의 주인공을 '무아진'(Mu'adhdhin)이라고 한다.

하루 다섯 번 예배를 드리는데, 동트기 전 드리는 예배(파즈르, fajr)는 해뜨기 한 시간 반 전에 일어나서 '오늘 하루 당신의 뜻에 따라서 빗나가지 않고 참된 길을 걷겠습니다. 하나님께서 저와 함께하셔서 도와주십시오'라고 기도하고 하루를 시작한다. 정오예배(주흐르, Dhuhr)는 일할 시간에 잠깐 하나님께 예배를 드리면서 '혹시 내가 악과 결탁하거나 참된 길에서 벗어나지 않았나' 자기 자신을 되돌아본다. 오후 중반에서 해지기 사이 2~3시경에 드리는 예배(아스르, Asr)에 다시 한 번 자신을 점검하고, 해진 직후 드리는 예배(마그립, Maghrib)는 '오늘도 무사히 신의 뜻에 따라 잘 지내게 해주셔서 고맙습니다' 하고 마무리한다. 마지막으로 잠자기 전에 드리는 예배(이샤, Isha)에서는 오늘 밤 잘 잘 수 있게 해주셔서 내일 하루도 건강하게 시작할 수 있게 해 달라고 기도한다. 하루 다섯 번의 예배 중 금요일 두 번째 낮 예배는 반드시 모스크에 모여서 집단 예배를 드린다.

이슬람은 잘못 했다고 회계하고, 부탁하는 기원의 종교라기보다는 신과의 대화를 통해 잘못을 방지하고자 하는 예방성격의 종교라 볼 수 있다.

시계가 없던 시절에는 매일 다섯 번 아주 정확하게 외쳐주는 아잔 소리로 마을 사람들은 하루의 시간을 가름하였다고 한다. 무아진의 새벽 아잔으로 하루를 시작하고, 잠자기 전 아잔 소리에 하루를 마무리한다.

고대도시였던 탁실라(Taxila)는 파키스탄 수도 이슬라마바드에서 북서쪽으로 약 40km 떨어진 유적지이다. 탁실라는 마케도니아식 이름이고 산스크리트어로는 '타크샤실라'라고 한다.

탁실라는 BC 5~AD 2세기까지 현재의 파키스탄과 아프가니스탄 지역에서 번성했던 고대 간다라 문명의 중심지로 불교미술과 철학, 예술, 종교, 문화의 요중지이다.

타크샤실라(Taksasila)는 3개의 큰 무역로의 교차점에 위치하여 고대에 크게 번성한 교통도시로, 동인도에서 오는 길과 서아시아에서 오는 길, 또 하나는 카슈미르와 중앙아시아에서 오는 길이 만난다. 중국과 서양을 연결한 실크로드의 지류로 경제적으로나 문화적으로 번성한 도시이다.

탁사는 석기를 만들 때 쓰는 돌이고, 실라는 도시를 의미했다고 한다. 돌의 도시란 의미도 있고, 산스크리트어로는 '뱀족의 왕자'라는 뜻도 있다 한다.

탁실라 박물관을 방문(500루피)했는데 간다라 불교의 중심 도시답게 동양과 서양의 문화가 미묘하게 섞인 독특한 불교미술 양식의 조각물들이 전시되어 있다(간다라는 파키스탄 북서부 인더스 지역에 있는 이름). 박물관 해설사의 말로는 당시의 불교 신자들은 부처의 모습을 조각하지 않고 윤회를 뜻하는 수레바퀴, 해탈을 의미하는 보리수 나뭇잎과 부처의 족적(足跡) 등을 떠받들며 신앙심을 표현하였는데, 이러한 미술 양식을 간다라 미술이라고 한다. 불상의 조각기법이 소재는 인도 것이지만 형상을 만들고 표현한 기법은 그리스식인 독특한 헬레니즘 문화 양식으로 발전하게 되었다고 한다. 즉, 간다라 문화는 동양과 서양의 문화

가 혼합된 것이다. 왕오천축국전(往五天竺國傳)의 혜초스님도 간다라 지방을 거쳐 인도를 왕래했다는데 혜초의 구법(求法) 의지(意志)와 숨결이 어디엔가 남아있는 탁실라이다.

박물관 1층은 3개 전시실로 나뉘어 있는데, 전시된 유물은 부근의 사원과 도시 유적으로부터 출토한 고타마 붓다의 일생과 사후세계에 대한 불상 조각물이 많은데 오래된 유물인 진흙으로 만든 유물들은 안타깝게도 목이 잘려있거나 팔 등이 파손되어있고, 부처의 두상만을 모아 전시를 했다. 두상은 진흙을 구워 얼굴에 채색을 하였다. 붓다의 출가 장면을 새긴 돌조각, 탄생과 죽음, 궁전의 삶 등을 조각한 미술품과 벽화, 화폐, 토기, 장신구 등이 전시되고 있다. 다행히 청동유물은 원형대로 보존되고 있었다.

붓다의 얼굴과 신체 모습이 동양인이 아닌 서양의 신들과 흡사하다. 눈은 움푹 들어가 깊고, 코는 날카롭고 길게 만들었으며, 입술은 얇고 얼굴은 갸름한 타원형으로 아리아인의 서구적인 모습을 머금었다. 박물관 가이드의 설명은, 알렉산더 대왕(BC 356-323)의 동방 원정으로 그리스인들이 이곳에 와서 그리스 신들을 조각하는 기법으로, 장인들이 이곳의 돌로 부처를 조각하여 그렇다고 한다.

불상의 부처 형상 중 머리 모양이 특이하다. 구불구불한 머리칼을 정수리위에서 틀어 감아 맨, 우리의 상투를 한 모습과 흡사하다. 현재 우리나라에서 볼 수 있는 부처의 모습과는 다르지만 불교 역사에서는 불상의 형상이 처음 만들어지기 시작한 곳으로 중요하게 여긴다고 한다. 그 후에 불상은 불교가 전파되는 지역에 따라 사는 사람들의 모습을 닮아 인도의 불상은 인도인을 닮았고, 중국으로 전파되어서는 중국인의 모습을 닮게 되었으며, 신라에 와서는 석굴암에서처럼 가장 한국적인 모습의 불상으로 표현된다.

박물관 소장품을 안내하는 브로셔는 없고 10달러에 책자를 판매한다.

탁실라 박물관 동쪽 냇가 건너에 다르마지카 수투파(Dharmarajika Stupa) 유적지가 있다. 다르마라자(Dharma: 법, Raja: 왕)로 알려진 인도 마우리아 왕조의 아소카 대왕에 의해 지어진 불탑이 있다.

야트막한 구릉지에 형성된 유적지 시르캅(SIRKAP)은 정문도 없는 입구에서 지키고 있는 사람에게 입장료 500루피를 지불해야 한다. 입구의 올리브나무 그늘에서 얘기를 나누던 촌로들이 우리를 따라다니며 서툰 영어로 설명한다. 부처의 사리를 반구형의 수투파(Stupa)에 봉안했으며 왕국의 사원이었던 이곳은 두 층으로 된 원형 돌 기단 위에 쌓아 올린 무덤군으로 경주 천마총만큼 크고 높다. 입구와 주변에는 당시 승려들이 거주했던 폐허가 된 집터들이 들어앉았다. 역사적 가치에 비해 유적지의 관리가 허술하다.

탁실라의 제2 고대도시였던 시르캅(Sirkap)은 기원전 2세기경부터 400년간 그리스인들이 건설한 도시로 성곽의 평균 높이가 7m에 이르며, 성벽의 총 길이는 5.6km로 도로 양쪽으로 주택들과 상점들이 있었다고 한다. 건물은 한 채도 온전한 것들이 없고 사원과 사리탑들의 흔적이 계획된 도시처럼 바둑판 모양의 구역 안에 남아있다. 도로와 석축 토대가 쌓여있고, 왕궁과 주거 흔적은 폐허로만 남았다. 신화 속의 악귀 중 하나인 '잘린 머리'라는 뜻을 가진 '시르캅'은 인더스 강 유역 힌두시(Hindus) 왕조의 수도였다. 무덤 군 부근 밭, 뙤약볕 아래에서 보리 추수를 하는 농민의 고된 모습을 보니 밀레의 그림 '만종'이 생각난다.

고대도시 탁실라를 뒤로하고 하리푸르(Haripur)라는 작은 도시를 지난다. 성(城)이 있는 도시라는 뜻으로 옛날 시크교도들의 요새가 있어 붙여진 이

름으로 하리(Hari)는 시크교도들이 추앙하는 신 이름이다. 이어 나타난 도시는 파키스탄 사관학교와 군사전문학교, 육군 2사단 본부가 있는 아보타바드(Abbottabd)로 옛 그리스의 군사도시였다고 한다.

아보타바드는 해발 1,256m에 위치한 도시로 인구 12만 명이다. 아프가니스탄과의 국경에서 250km 지점에 있다. 2001년 9월 11일 뉴욕 세계무역센터 쌍둥이 빌딩 테러를 주도한 빈 라덴의 은신처가 파키스탄 육군사관학교에서 불과 1,200m 떨어진 곳에 있었고, 그는 죽기 3년 전부터 거주한 것으로 알려졌다고 한다.

미국 첩보기관은 9·11테러 이후, 오사마 빈 라덴을 체포하기 위해 10년간 430조원을 지출했으며, 간접비용까지 포함하면 두 배가 넘는 돈을 썼다고 한다. 미국 첩보망에 포착된 빈 라덴은 2011년 5월 2일 CIA의 주도로 미해군의 최정예 대테러 특수부대인 DEVGRU 대원 25명이 참여한 작전으로 현장에서 사살되었다. 당시 미 해군 특수전대원의 헬멧 카메라를 통해 위성 방송된 사살장면이 생생하다.

군사시설들이 즐비한 시내를 관통하여 북쪽으로 산길을 따라 하늘길인 카라코람 하이웨이(Karakoram Highway: N35도로)를 달린다. 말이 하이웨이지, 현실은 우리나라 지방도로 같은 포장도로이다. 주변이 돌이 많이 나는 지역으로 석관(石棺)과 조각물을 만드는 작업장이 많다.

Besham(베샴) 가는 길은 깎아지른 절벽에 놓인 도로와 강을 건넌다. 양봉하는 벌통도 보이고 양 떼도 지나간다. 승용차나 버스보다 짐을 실은 트럭이 많고 특히 닭을 실은 닭장 차가 많이 지난다. 자연 풍광을 만끽하며 카라코람 하이웨이를 달린다. 하이웨이를 따라 옆으로 인더스 강이 계곡을 따라 언덕 아래로 도도하게 흐른다. 이 길은 중국 신장 위구르 자치구와 카슈미르 지방을 연결하는 길로 칭기즈칸이 한때 지배했으며, 오고타이한국(汗國)이 수도로 정한 '카라코람'으로 통하는 관문이었던 연유로 붙여진 명칭이다. 카라코람은 알타이어로 고개 또는 흙이라는 뜻이다.

타콧(Thakot)을 지나 4대 문명 발생지의 하나인 인더스 강을 가로지르는 다리인 유이다리(Youi Bridge)를 지난다. 1958년 건설된 이 다리는 카라코람 하이웨이에서 중요한 의미가 있다. 중국이 파키스탄과의 교역과 우의를 증진하기 위해 이 다리를 건설하여 파키스탄에 기증하였다. 이곳부터 중국 국경까지 하늘길을 따라 800km이다. 중국에서 기증한 유이다리의 건설을 계기로 1966년부터 옛 실크로드를 정리하여 확장, 포장하는 카라코람하이웨이 건설이 이루어져 1978년에 이르러 완성하게 된다.

이렇게 어제부터 라호르를 출발하여 이슬라마바드, 탁실라를 거쳐 700여 km를 달려 훈자와 쿤저랍패스를 가는 중간 기착지인 베샴(Basham)에 도착했다. 베샴은 과거 극단적 원리주의를 추구하는 탈레반이 출범하여 활동을 시작한 지역이었는데 호텔에서만 지내서인지 평화로운 보통 동네처럼 느껴진다.

주민들의 모습은 차도르나 히잡을 쓴 여성들을 볼 수 없다. 학교에서 하교하는 여학생들의 복장도 히잡 아닌 보자기를 머리에 두른 모습만 보인다.

5/12(12일째) ★ 히말라야산맥의 낭가파르밧(Nanga Parbat)

산 중의 하늘길, 카라코람 하이웨이(KKH)를 타고 북쪽으로 달린다. 이제 부터 본격적인 비단길을 지난다. KKH는 국가 간을 연결하는 세계에서 가 장 높은 도로다. 완공하는 데만 20년이 걸린 이 도로는 카라코람 산악 지 역을 통과하여 세계에서 가장 높은 국경인 4,693m의 쿤저랍 고개를 넘어 중국과 연결하는 파키스탄의 아보타바드에서 중국 신장웨이우얼 자치구까 지 1,200km이다. 카라코람 연산연봉(連山連峯)이 만년설의 위용을 자랑하 고 있으며, 황량한 산악도로에는 무심한 흙먼지가 휘날린다. 베샴(Besham) 은 과거 실크로드의 주요 교역로로 동서양이 만나는 교차로이기도 하다. 파 키스탄 북서 지방의 스와트밸리와 동북지방의 카칸밸리를 잇는 샹글라패스 (Shangla Pass)의 동쪽 도시로 교통의 요충지이다.

베샴을 떠나 길깃으로 가는 하이웨이의 인더스 강 계곡 건너 갈지자(之) 모양의 올드 실크로드가 보인다. 인도 불교가 이 길을 통해 중국으로 전해졌 고 또한 신라에도 전했으리라. 많은 구법승들이 험한 이 길을 걸었다고 생각 하니 경이롭다. 중간에 잠시 쉬느라 머문 곳은 굴멧(Ghulmet)이라는 동네로 오른쪽으로 라카포시 설산이 보인다. 라카포시(Rakaposhc)는 현지 언어로 눈이 덮인 설산을 의미하기도 하고, 항상 구름 또는 안개가 끼어있어 '안개

의 어머니'라는 별명도 있다고 한다. 카라코람 산맥에 위치한 눈 덮인 라카포시 산봉우리가 보이고 산 아래에는 빙하가 있다. 높이 7,788m로 파키스탄 내에서는 13번째로, 세계에서는 27번째로 높은 산이다. 라카포시 산봉우리 반대편으로는 히말라야산맥의 끝자락에 있는 낭가파르밧(Nanga Parbat)의 위용이 보인다. 낭가파르밧은 해발 8,125m로 세계에서 9번째(파키스탄에서 2번째)로 높은 산이다. 낭가파르밧은 산스크리트어로 산을 뜻하는 '파르밧'(Parbat)과 우르두어로 벌거벗다는 뜻을 가진 '낭가'(Nanga)의 합성어로 '벌거벗은 산'이라는 의미이다. 접근하기가 힘들어 '악마의 산'이라고도 부른다. 이 산은 수직에 가까운 경사로 인해 상부에 눈이 쌓이지 않아 원주민들은 벌거벗은 산이라는 의미의 낭가파르밧이라 부른다.

이 산을 무대로 한 영화도 만들어졌다.

제목은 〈Nanga Parbat〉(한국에서는 '운명의 산, 낭가파르밧')으로 세계 최초로 히말라야의 8,000m급 봉우리 중에서도 자이언트급으로 불리는 가장 높은 14개의 봉우리를 오른 사나이, 산악인들의 전설 '라인홀트 메스너'의 실화를 스크린에 옮겼다. 라인홀트 메스너는 16년에 걸쳐 전 세계 최초로 히말라야 8,000m급 14좌를 완등한 산악인으로, 대규모 원정대를 조직해 등반하는 방식을 거부하고, 소수의 인원이 장비를 짊어지고 등반하는 알파인 방식으로, 등정할 때마다 어려운 루트를 택하여 무산소 단독등반을 원칙으로 했다. 그는 1970년 친동생 건터 메스너와 함께 낭가파르팟 첫 등정에 올라 정상 정복에 성공하고, 내려오는 길에 눈폭풍으로 동생이 실종되고 자신 역시 동상으로 인해 7개의 발가락을 절단하게 된다. 하지만 마음의 트라우마를 극복하고 계속 도전하여 1986년 14좌 등반의 완등에 자신의 젊음을 바친다. 동생 건터 메스너를 잃은 낭가파르팟! 다시는 가고 싶지 않을 낭가파르팟에 3번에 걸쳐 올랐다. 영화는 동생의 목숨과 자신의 명예를 맞바꿨다는 세간의 비난을 받았던 라인홀트의 용기 있는 삶과 운명적인 사건을 그렸다.

위대한 도전자 라인홀트 메스너는 말한다. "나는 산을 정복하려고 이곳에 오른 것이 아니다. 또 영웅이 되어 돌아가기 위해서도 아니다. 단지 나는 두려움을 통해서 이 세계를 새롭게 알고 느끼고 싶다."

낭가파르팟의 영어 이름은 Killer Mountain이다. 독일 원정대가 1930년대부터 5차에 걸쳐 24명의 희생을 치렀으나 정상에 오르는 데 실패했다.

실제 라인홀트 메스너의 동생 건터 메스너의 시신은 2005년 발견되었다. 1990년 이전까지 낭가파르밧 등반가들의 사망률이 77%에 달하여 죽음의 산이라 불렸다고 한다.

라카포시 산을 돌면 훈자다. 훈자 가는 내내 라카포시 설산을 바라보며 간다. 굴멧에서 잠시 라카포시 설산을 감상할 때 성묵이에게 파키스탄 전통 모자를 사줬다. 엊그제 이슬라마바드에서 전통 옷 '살와르 카미즈'만 구입했는데 드디어 패션의 완성!

검문소의 군인들 중에 파키스탄인을 닮지 않은 파란 눈과 금발의 서양인 같은 사람들이 있다. 이들은 BC 325년 알렉산더 대왕 원정으로 마케도니아 군인들이 왔을 때, 일부 군인들이 돌아가지 않고 남았는데 그 후손들이라고 한다. 말하자면 97%가 무슬림인 파키스탄에서 비무슬림으로 그리스가 뿌리인 사람들이다.

노중에 주유소에 들렀는데 정전이 되었는지 주유기 옆에 놓여 있는 발전기를 돌려 기름을 넣는다.

훈자 가는 길목인 길깃(Gilgit)에 도착하여 약국에 들렀다. 성묵이 배탈이 완전하게 낫지 않아 위장약과 지사제를 구입했다. 두 종류의 약값이 70루피(Rs)로 엄청 싸다. 3일 동안 복용할 약값이 우리 돈으로 약 500원! 인도와 파키스탄의 의료시스템은 알 수가 없다.

길깃은 길기트발티스탄의 주도로 히말라야산맥 언저리 해발 1,500m에 위치하여 카라코람 산맥이나 히말라야 등지로 트래킹을 하는 등반객들이 찾는 도시이다. 혜초 스님의 왕오천축국전에는 소발률(小勃律)이란 나라로 가난한 사람들이 많고 산천이 협소하며 논밭이 많지 않은 곳이라 했다.

카라코람 하이웨이를 이용할 경우 24시간 이상 소요되고 피곤하기 때문에 등반가들은 주로 40~50분 걸리는 비행기를 이용하고 관광객들은 여름철에 한해서(한여름의 몬순계절에는 산사태로 길이 끊기기도 하고, 겨울 동안에는 눈으로 인해 도로가 폐쇄된다. 카라코람 하이웨이를 여행하기 좋은 계절은 5월 중순부터 6월까지이다.) 운영되는 NATCO(Narthern Areas Transport Corporation)를 이용하여 카라코람 하이웨이를 따라 파키스탄 이슬라마바드를 출발하여 길깃, 소스트(Sost), 4,800m의 쿤저랍 패스(Kunjerab Pass)를 넘어 세상에서 가장 높은 국경인 파키스탄과 중국의 타슈쿠르간(Tashkurgan), 중국의 신장위구르 자치구의 카슈가르에 도착한다.

음식 맛이 좋다는 레스토랑을 물어 찾아갔는데 메카를 향해 기도 중이다. 기도가 끝나고 소고기 요리를 주문하니 라마단 기간이라 소를 도축할 수 없어 주문에 응할 수 없단다. 계율을 철저하게 지키는 무슬림에 뭐라 할 수도 없다. 오늘 우리를 태운 버스 운전사도 라마단 기간이라고 점심도 안 먹고, 물 한 모금 마시지 않고 운전했다. 고기 굽는 연기가 폴폴 나는 꼬치집을 찾았다. 자리가 없어 간이홀에 앉을 수밖에 없었는데, 연기가 심하여 야외 테이블을 요구하니 마을 주민들이 식사 중임에도 불구하고 자리를 비우게 하고는 우리 자리를 마련해준다. 외국인이라고 특별대우를 한다.

이슬람권의 화장실은 비데가 있다.

뭐 비데라 하기가 그렇지만 달리 표현할 말이 생각나지 않는다. 굳이 표현한다면 엉덩이 총이다. 화장지가 놓여 있지만 우리가 화장실 또는 변기 청소용으로 사용하는 스프레이건(Spray Gun)이 세척기이다.

이슬람의 코란에는 대소변 후에 반드시 물로 씻으라는 내용이 있다고 한다. 이슬람교가 창시되던 당시에도 지금처럼 열사의 나라 중동지역에는 물이 귀했을 것 같은데, 굳이 계율로 만든 이유라도 있는 것일까?

이슬람의 예언자들은 "청결은 신앙의 절반이니 이를 지키라"고 강조했다 한다(그래서 돼지를 더러운 동물로 멀리하는지도 모른다). 계율에 따라 무슬림의 의무가 되었다. 무슬림의 청결은 예배 전에 반드시 손발을 씻는데, 이는 청결에 필요한 의식일 뿐만 아니라 내적으로 마음을 정화하여 신께 더 가까이 다가간다는 믿음 때문이다.

물론 과학적인 이유도 있다. 건조한 사막기후에서 아무리 휴지를 사용하고 뒤처리를 잘한다 해도 바지와 속옷에서 냄새가 나고 이게 깨끗하게 닦이는 게 아니라서 대변 찌꺼기가 건조한 기후에 굳어져 항문의 부드러운 살을 찢기게 하여 출혈과 감염이 된다고 한다. 이런 이유로 비데(세척)문화가 발달했다고 한다.

확인한 바는 없지만, 무슬림은 화장실에서 양말과 바지를 벗고 볼일을 본다고 한다. 소변도 옷이나 발에 오줌이 묻을 수 있기 때문에 쪼그리고 앉은 자세로 본다고 한다. 그렇다면 청결을 중시하는 이슬람 남자들이 콧수염과 턱수염을 기르는 것은 어떻게 설명해야 할까?

5/13(13일째) ★ 세계적인 장수 샹그릴라였던 훈자(Hunza)마을

아침 일찍 길깃 과일가게에서 훈자 가는 동안 먹을 과일을 샀다. 열대지방이라 망고, 체리 등이 싸다. 숙소 마당에 탐스럽게 포도와 체리가 열려있고, 현관에서 쉬고 있는 촌로의 멋진 모습을 카메라에 담았다.

길깃 강에 출렁다리도 놓여 있고, 학생들은 멋진 교복을 입고 등교하는 중이다. 오늘의 목적지인 훈자까지는 약 100km로 3시간이면 충분하니 마음이 여유롭다.

주변 바위산은 민둥산인데 훈자 강을 따라 산기슭에는 녹색마을이 들어섰다. 강물을 끌어들여 수로를 만들고 수로 밑으로 촌락을 조성하고 경작을 할 수 있는 땅을 일구었다.

드디어 카리마바드(Karimabad)에 도착했다. 일반적으로 (올드)훈자라고 불리는 곳은 바로 이곳을 지칭하는데, 지명이 아닌 지역 이름이다. 훈자(Hunza)는 훈스(Huns)라는 말에서 기원한 것으로 화살이란 뜻인데, 주민들이 활을 잘 쏘아서 그렇게 불린 것이라 한다. 파키스탄 길기트발티스탄의 중심지로 여행자들의 숙소가 밀집해 있는 곳이다. 한때 훈자 왕국이었던 곳으로 당시 인구가 6만 명에 달했다 한다.

훈자는 파키스탄 북부 Gilgit-Baltistan 주에 속하고, 이슬라마바드(라왈핀디)에서 북쪽으로 N35도로를 따라 약 900km, 중국 국경으로부터 카라코람 하이웨이를 따라 남쪽 약 110km 지점에 위치한다.

6,000m 이상의 높은 산으로 둘러싸인 훈자는 영국의 통치하에 있던 인도에서, 영국의 직접 통치를 받지 않고 보호국으로 있던 수장국(首長國) 이었으나 1947년 파키스탄이 독립하면서 병합되어 파키스탄에 속하게 되었다.

고봉의 설산에서 눈 녹은 물이 흘러 인더스 강의 상류인 훈자 강에 흐르고 울타(Ultar) 산기슭 해발 2,500m에 위치한다.

주위에는 Hunza Peak, Lady's Finger, Ultar Peak 봉우리가 우뚝 솟아

 있고 대부분 검은 바위산은 오랜 세월에 산화되어 푸석푸석한 상태로 바위산에서 자갈과 흙이 언제 흘러내릴지 모를 정도로 위험한 상태이다.

　훈자마을은 한때 세계적인 장수 마을로 100세를 넘는 주민들이 흔했다고 한다. 수많은 연구자들이 장수에 대하여 관심을 갖고 연구를 진행했으나 그 원인이 무엇 때문인지 정확히 규명하지 못했다고 한다. 문명사회처럼 위생 상태가 좋은 환경도 아니고, 식품을 보관하는 냉장고도 없고 폭염에 모기와 파리 등 해충이 들끓는 환경이다.

　이곳 주민들에게는 암에 걸린 사람을 찾을 수 없었고, 그 원인은 알 수 없으나 훈자 주민들은 나이 들어도 꾸준하게 일하며, 깨끗한 공기와 빙하 물을 마시고 식단은 주로 채식이다. 살구, 호두 등 말린 과일을 즐겨 먹으며 우유와 홍차를 섞은 짜이티와 양젖의 발효유를 함께 마신다고 한다. 모든 음식에 강황 성분의 커리를 섞어 조리하고 있다.

　그러나 지금은 젊은이들이 전통음식 대신 간편식을 주로하고 목축이나 농업에 종사하기보다는 다른 직종에 종사하는 경향이 많아 장수하는 사람들이 점점 줄어들고 있다고 한다.

　세계 곳곳을 누빈 여행자들이 다시 한 번 찾고 싶은 곳 1위로 꼽히는 여행지! 세계적 장수마을 훈자이다.

　1200년 전 신라 고승 혜초가 "100명이 떠났어도 돌아오는 이는 하나도 없다"던 멀고도 험난한 천축에 위대한 구법을 위해 서역을 왕래했던 길이며 옛 실크로드의 무대가 되었던 동네. 지상에서 가장 행복하다는 마을이다.

산으로 둘러싸인 마을은 산소량 16.5%, 습도 50% 등 건강에 좋은 환경조 건으로 하늘 아래 샹그릴라로 한 번 들어오면 쉽게 빠져나가기 싫은 곳이다.

주민들의 인상은 처음 보는 낯선 여행자들에게 웃음과 함께 손짓을 한다.

반갑다고 이리 오라고, 함께 하자고… 사진 찍자고 손을 흔들고 친절했다. 인도에서처럼 뭘 요구하지도 않는다. 그들의 해맑은 모습은 여행자들의 마음의 문을 열게 하고 경계심을 무너뜨린다.

장수 비결은 웃음과 행복해하는 마음, 그리고 소박한 삶을 감사하게 받아들이는 마음과 따스한 친절함 아닐까? 비록 많이 배우지 못하고 풍족하지는 않으나 여행객들이 느끼는 그들의 평온한 표정은 어떻게 살아가는 것이 진정 누리고 사는 삶인가를 고민하게 하였고 그런 고민은 지금도 진행형이다.

그러나 역설적으로 훈자마을은 모든 것이 변하기 시작했다. 문명이 들어오면서 경쟁이 생기고, 관광객이 몰려들고 이들을 상대로 생계를 이어가는 주민들도 늘고 장사를 위해 외지의 사람들이 함께하고, 주민들의 삶과 마음도 함께 바빠졌다. 불과 50년 전만 해도 느긋했던 삶의 생체 리듬이 끊임없이 드나드는 관광객들처럼 빨라지기 시작하자, 주민들의 평균 수명은 점점 짧아지기 시작해서 지금은 100세 넘는 노인들이 별로 없다고 한다.

세계 여러 나라에서는 평균수명이 늘어나 초고령화 사회를 우려하는데, 훈자에서는 반대현상이 나타난 것이다. 이제 장수마을의 명성은 점점 빛이 바래고 있다.

훈자마을 북쪽으로 훈자 계곡(Hunza Valley)에는 빙하 녹은 물이 흐르고 계곡의 위로는 7,790m의 라카포시(Rakaposhi)가 위용을 드러내고, 마을 제일 높은 곳에 위치한 전망대 발팃 성(Baltit Fort Hunza)과 실크로드와 계곡이 바라다보이는 알팃성(Altit Fort)이 자리한다.

훈자는 메인타운인 카리마바드와, 알리아바드, 이글네스트 가는 길에 있는 알팃으로 크게 나눌 수 있다.

메인 타운인 카리마바드 길가에는 기념품 가게와 식당, 관광지와 트래킹을 위한 안내소, 숙박시설이 잘 갖춰져 있다. 점심으로 라카포시와 계곡이 바라다보이는 식당에서 야크고기 스테이크를 시켰는데, 야크고기를 약간 말린 것을 구워낸 것으로 기름기가 전혀 없어 질기지 않고 고소한 맛이다. 일반적인 언어로 야크(yak)라고 불리는데, 야크는 원래 수컷을 의미하며, 암컷은 나크(nak) 또는 드리(dri)라고 불린다. 훈자의 야크는 야생종과 농사에 이용하는 가축화된 두 종류가 있다. 엄청 달고 시큼한 진한 원액의 살구 주스와 훈자티를 곁들었다.

마을 사이로 미로처럼 형성된 계곡의 수로를 따라 바위를 쌓아 만든 도로를 걸어 동네를 산책했다. 비포장도로는 진흙 먼지가 푸석푸석하여 비가 오면 진흙이 신발에 달라붙어 꼼짝도 할 수 없을 것 같다. 골짜기를 잇는 교량은 나무로 만든 다리인데 차량이 다닐 수 없도록 나무가 걸쳐있고, 이를 주민이 지키고 있다.

숙소에서 바라보는 눈 덮인 석양의 골든 피크는 샹그릴라가 따로 없다. 히말라야산맥 너머로 붉은 태양이 넘어가고 붉은 노을에 물들었던 골든 피크는 서서히 어둠에 묻힌다. 종교와 철학을 떠나 대자연의 위대함 속에서 마음은 한없이 겸손해지고 평화로워진다.

훈자의 밤하늘은 별천지이다. 아름다운 하늘은 별 밭이다. 훈자의 별 밭, 수천수만 개 별 밭의 블랙홀에 빠졌다.

5/14(14일째) ★ 울타르 메도우 트래킹 & 파수빙하

오늘 여정은 눈 덮인 설산과 빙하를 다녀오는 울타르 메도우 트레킹이다.

계곡으로 형성된 훈자 강을 따라 개설된 도로(N-35)를 따라 남쪽으로 달린다. 멀리 바위산 모습이 후세인을 닮았다는 후세인 산이 보인다. 산을 뚫어 만든 터널, 파키스탄-중국 우호터널이다. 입구에 '파-중 우호만세'(Long Live Pakistan-China Friendship)라는 전광판을 설치해 놓았다. 파키스탄에서 2번째로 긴 터널로서 중국의 협조로 공사 중이다. 터널은 뚫렸는데 아직 터널 안의 조명과 환기시설, 벽체가 완성되지 않았다. 깜깜한 터널 안에 군데군데 건설 자재를 쌓아 놓고 공사 중이라 마주 오는 차량의 불빛도 잘 안 보일 정도로 먼지가 자욱하다.

터널을 지나면 왼쪽으로 아타바드 호수(Attaabad Lake)가 나온다. 2010년 홍수로 산이 무너져 계곡을 막아버리는 산사태로 마을은 물에 잠기고 100여 가구의 주민들이 수장(水葬) 된 비극의 호수다. 10년도 안 된 슬픈 사연의 아타바드 호수는 관광지가 되어있다.

　옛 상인들의 실크로드에 염소와 산양이 그려진 암각화를 보았다. 오랜 세월이 흘렀지만 세밀하고 정교하게 그려놓았던 문자가 없던 시절의 메시지다.

　울타르 메도우(Ultar Meadow, 3,270m) 트래킹은 산 아래에서 바윗길의 중턱을 넘고 넘어 파수 빙하(Passu Glacier)를 다녀오는 코스이다. 울타르 메도우는 훈자마을 뒤에 있는 이 마을의 수호신격인 울타르피크의 골짜기 언덕에 있는 초원을 말한다. 울타르 메도우는 뜻 그대로 '가늘고 좁은 길이 있는 계곡이다. 가파른 바윗길과 잘게 부서진 돌, 굵은 모랫길이라 미끄러짐에 주의해야 한다. 레이디핑거, 훈자피크, 울타르 1피크, 2피크가 차례로 보인다. 뾰쪽한 산봉우리는 금강산 일만이천 봉을 보는 것 같다. 파키스탄 히말라야의 비경에 눈앞에 펼쳐진다. 하얗게 쏟아져 내린 바위와 모래는 어느 우주에 서 있는 느낌을 준다.

　드디어 한 시간 반 걸려 파수 빙하에 도착했다. 파수 빙하는 검은 색깔을 띠고 흙과 바위 조각이 섞여 있다.

　파수 빙하를 보고 내려오는 길, 빙하

가 계곡을 만들어 물이 흐르는 계곡을 사이에 두고 산과 산을 연결한 다리가 놓여 있다. 후싸이니 서스펜션 브릿지(Hussaini Suspansion Bridge)다. 다리 양쪽에 동아줄 철선을 꼬아 만들고, 여기에 듬성듬성 얼기설기 나무판을 엮어 칭칭 동여맨 다리다. 나무발판의 간격이 일정하지 않고 낡아서 금방이라도 부서질 것처럼 보인다. 가는 철선에 매달려 있지만 현수교라고 불러야겠지? 계곡을 가로지른 다리를 건너면 자라바드(Zarabad) 마을이다.

다리 입구에 사람이 지키고 있어 주민이 아닌 관광객은 돈을 주어야 건널수 있다.

마을로 내려오는 길가에 바위산을 계단식으로 깎아 물이 새지 않도록 사람 키 정도의 돌벽을 쌓은 후, 빙하 퇴적지의 흙을 가져와 계단식 다랭이밭과 사람의 힘으로 정성 들여 쌓은 돌담 안으로 주민들의 정겨운 보금자리가

보인다. 마을 옆으로 빙하에서 흐르는 물을 경작지에 공급하는 수로의 물이 빠른 물살로 흐른다. 이 수로를 이용하여 황량한 돌산을 개간하여 과수를 재배하고 각종 나무와 꽃들이 우거진 초록마을을 가꾸었다.

다시 숙소로 돌아가는 길에 왼쪽으로는 뾰쪽뾰쪽하고 날카로운 '악마의 산'이라 불리는 투포단(Tupodan, 6,106m)이 보이고, 오른쪽으로 보리스 호수(Borith Lake)가 있다. 아따아바드 선착장에서 유람선을 타고 주위의 산을 둘러봤다. 보리스는 소금을 뜻하는 말로, 호수의 물은 약간 짜다고 한다(1인당 1Rs).

오늘도 마법 같은 행복한 하루가 흐른다. 훈자에 밤이 찾아오고 있다.

5/15(15일째) ★ 훈자왕국의 알팃 성 & 발팃 성

알팃 성(Altit)에 도착했는데 입장권(1,000Rs)을 구입할 때 현지 화폐만 가능하여 어쩌지 못하고 있을 때, 골목의 기념품 판매상이 환전을 해줬다.

호텔은 1달러에 120Rs, 시내 메인바자르 거리의 환전상은 135~140Rs이다(기념품점 환전은 110Rs).

보잘것없는 훈자마을의 흙으로 만든 집과 가축우리를 보다가 잘 가꾸어진 알팃 성의 정원에 들어서니 별천지 같다. 중년의 가이드가 우릴 안내한다.

알팃 성은 티베트식(알티드는 티베트 언어)으로 지은 건물로 1,100년 된 성이다. 여러 부족국가를 이뤘던 당시에 훈자 강을 사이에 두고 서로 경쟁관계였던 훈자(Hunza)와 나게르(Nager)가 통합하여 통일 훈자왕국이 탄생한다.

훈자왕국은 통일왕국의 권위를 나타내기 위해 여러 개의 성채를 건설하였는데 그중 대표적인 건축물이 알팃 성과 800여 년 전에 건축한 발팃(Baltit

Fort) 성이다. 알팃이라는 이름은 아래쪽, 발팃은 위쪽을 뜻하는 티베트 말로 이 성이 처음 지어질 때는 티베트의 영향권에 있을 때였다고 한다.

알팃 성은 통치자인 술탄의 아들 샤하 아바스(Shah Abbas)와 알리 칸(Ali Khan) 형제 사이에서 동생이 형을 축출하려고 반란을 일으켰으나 형인 샤하 아바스에게 제압되어 동생을 산 채로 성의 진흙기둥 안에 넣고 묻어버린 비극의 장소다. 성은 8개의 방으로 구성되어 있다. 150년 전에 영국군이 감시탑과 방의 구조를 바꿔 성 동쪽에 영국풍의 게스트하우스를 증축했다. 이 성에서 1945년까지 훈자왕국의 마지막 왕인 미르 무하마드 자말칸(Mir Muhammad Jamal Khan)이 살았다.

전망대에 오르면 창문을 통해 실크로드를 거쳐 페르시아와 중국을 오가던 대상들을 감시할 수 있게 되어있고, 죄수의 손과 발을 결박하여 성에서 절벽 아래로 던져버리는 사형장이 있다. 훈자에는 차를 마실 수 있는 찻집이 없는데, 정원 안에 파키스탄 전통 차와 스프, 커피를 판매하는 카페가 있다.

초등학교 학생들이 수업을 마치고 집으로 돌아가는 풍경은 우리나라와 비슷하다. 집에서 먼 학생들은 엄마가 마중 나와 책가방을 대신 들어주고, 또래들끼리 아이스케이크를 입에 물고 장난치며 재잘거린다.

발팃 성(Baltit Fort)은 카리마바드 동네에서 북쪽 길 막다른 곳, 고등학교 못미처 오른쪽 길로 오른다. 산 중턱에 만들어진 고등학교의 넓은 운동장은 옛날 폴로경기장이었다고 한다. 길깃은 폴로 경기가 처음 시작된 곳이다. 발 팃 성은 훈자마을 맨 윗자락에 있어 더위에 숨이 차오른다. 어제 입구까지 갔었는데 입장료 800Rs가 아까워 보지 못하고 성을 경비하는 수염이 멋진 아저씨와 사진만 찍고, 주위에 머물다 왔었는데, 알팃 성 가이드가 설명을 너무 잘해줘(발팃 성 가이드도 설명을 잘해주겠지 하는 기대감으로) 다시 찾았다. 입장하는 사람들이 많지 않아서인지 따로 가이드 비용을 받지 않고 알팃 성의 입장권을 판매한 사람이 안내하며 설명을 해준다. 알팃 성에서도 가이드가 따로 비용을 요구하지 않았다.

입구에 들어서면 설치한 후 단 한 번만 발포했다는 대포가 전시되어있다.

대포 이름은 훈자어로 Zilzila Boos라고 한다.

가이드는 성안에서 입장권을 팔면서 기념품점을 운영하는 젊은이다. 어제 왔을 때 입장권을 사지 않아 들어가지 못하고 눈인사만 나눴었다. 다시 오니 의아해하면서 반갑게 대해준다.

Baltit Fort는 800년 된 성으로 13세기 처음 발팃 요새가 세워졌을 무렵은 1층 구조였는데 15세기에 이르러 2층이, 100여 년 전에 3층으로 증축되어 1945년까지 사용되었다 한다. 왕은 알팃 성과 발팃 성을 왕래하며 다스렸는데, 1945년 마을 아래 알팃 성으로 거처를 옮겨 1945년부터 1990년까지는 비어있었으며, 1997년 전통왕조의 왕이 사망하여 국가에 기증되었다고 한다. 발팃 성은 주로 겨울에, 알팃 성은 여름에 머물렀다고 한다.

접견실에 역대 군주(왕)의 사진과 계보에 따른 표가 걸려있다.

성은 지하에서부터 미로처럼 연결된 작은 방들과 감옥, 당시에는 빙하가 가깝게 있어 이를 이용한 곡물을 저장한 냉동 창고, 부엌, 접견실 등 3층으로 이루어져 있고, 성안에 쥐가 많았는지 쥐를 잡는 도구와 곡식을 빻는 틀, 치즈를 만드는 도구와 300년 된 카펫이 깔려있다.

옥상에 오르면 훈자를 둘러싼 산과 훈자 강, 훈자 계곡(Hunza Valley)과 훈자마을이 보인다. 건너편으로 골든 피크(Golden Peak), 구름에 걸린 해발 7,790m의 '눈 덮인 산'이라는 뜻의 라카포시(Rakaposhi)와 숙녀의 새끼손가락을 닮았다는 레이디스 핑거가 보인다.

훈자왕국은 발텟과 알텟 성에서 1947년까지 이 지역을 다스렸는데 파키스탄 독립과 함께 파키스탄에 합병되었다.

성 아래 가게에서 천으로 만든 수제 가방을 구입했다(600Rs). 주인 할머니가 직접 만든 가방인데 가게에 장인인증서가 걸려있다.

해 질 무렵 훈자 계곡 전체를 한눈에 바라볼 수 있는 이글네스트(Eagle Nest, 2,810m)에 올랐다. 카리마바드에서 걸어서 3시간 정도 소요되는데, 호텔에 부탁하여 사륜구동 차량을 타면 30분 정도다. 위험하고 아찔한 절벽 길을 따라 오른다. 해가 지면 춥기 때문에 여름이지만 따뜻한 옷을 준비해야 서두르지 않고 감상할 수 있다.

이글네스트의 원래 지명은 두이카르(Doikar), 그런데 풍화된 암벽의 형상이 독수리 둥지를 닮았다고 해서 Eagles Nest로 불리고 있다. 정상에 독수리 부리처럼 생긴 작은 동굴이 있다.

이글네스트는 해발 2,850m에 있는 바위 언덕으로 주위를 빙 둘러 오밀조밀한 훈자마을과 뒤로는 뾰족한 레이디스 핑거와 울타르, 왼쪽으로 라카포시 디란피크, 스마일피크, 골든피크 등 히말라야 고봉과 거대한 골짜기의 장엄한 풍경을 감상할 수 있다.

저녁 식사자리에는 여행객을 위한 파티가 열렸다.

양고기구이, 시래기나물과 수제비, 닭요리, 또르띠아, 야크고기, 볶음밥 등 우리 음식과 비슷하다.

결혼식과 폴로 경기 등에 연주하는 전통악기인 피리(Tvtak), 작은북(Damal), 큰북(Dadang), 전통나팔(Svrnai)로 구성된 'Hunza Traditional MusicBand' 공연과 훈자마을 전통 춤꾼 '만수르 칸'의 전통춤을 감상했다.

뮤직밴드의 공연은 우리 사물놀이처럼 흥겨웠고, 전통춤은 헐렁한 전통 옷에 빵모자를 쓴 춤꾼이 반달모양의 칼을 들고 춤을 추는데, 우리의 무당 이 추는 칼춤과 비슷했다. 공연은 이탈리아 여행객을 게스트로 초대하여 흥 을 돋웠고, 호텔 종업원들로 구성한 댄서들의 춤이 이어졌다.

성묵이한테 만수르 칸이 전통춤을 출 때 입는 의상과 쌍칼을 쥐여주고 함 께 사진을 찍고 춤을 춘 디너파티였다.

호텔매니저는 성묵이가 자기 아들과 같은 또래라고 친절하게 대해주고 함 께 사진을 찍어 호텔 블로그에 올렸다.

브라보 파키스탄!

5/16(16일째) ★ 파키스탄 마지막 마을 소스트(Sost)

오랜만에 훈자에서 느긋한 휴식으로 여유로운 마음이다. 호텔 창밖으로 하얀 눈 모자를 쓴 산봉우리에 햇살이 비추어 황금색 모자가 되었다. 높은 산 옆으로 하얀 구름과 그 아래 포플러나무의 푸른 숲과 녹음이 짙게 물들고 살구꽃이 핀 꽃 대궐 마을이 있는 훈자마을의 풍경은 평화롭다. 저 아름다운 풍경의 그림 속에 나를 던져 넣고 잠시나마 행복함에 빠진다. 오른쪽

으로 보이는 레이디스 핑거(Lady's Finger) 역시 아침 햇살에 황금산이 되어 있다.

오늘은 늦게 훈자를 출발하여 카라코람 계곡을 따라 파키스탄 최북단 국경 마을인 소스트(Sost)로 이동한다.

호텔 레스토랑에서 옆자리 외국인 부부와 얘기를 나눈 성묵이가 얘기를 전한다. 91세의 미국인인데 1950년 한국전에 참전했으며 세계 여러 나라를 여행한 여행수첩을 보여주는데 미국과 적대적인 나라 10여 개국을 제외하고는 세계의 모든 나라를 여행했다고 한다. 물론 한국도 10여 번 방문했다고 한다. 복 많은 사람이다. 여행에는 건강과 비용, 시간, 용기가 있어야 한다. 건강이 허락하는 한 여기 기웃 저기 기웃 하며 유람하고, 바람이나 구름처럼 훌쩍 떠나 노마드(Nomade, 유목민)가 되었다가, 소리 없이 집으로 돌아와서는 차 한잔하면서 추억을 반추하는 사이비 필로소퍼(Philosopher)라도 좋겠다. 세월을 묶어둘 수는 없다. 힘든 여행이라도 내가 즐거우면 꽃 대궐 인생에 사는 것이다.

파키스탄 화폐 루피가 남아 돈을 쓰기로 했다. 우리가 숙박하지도 못한 최고의 호텔에서 최고의 메뉴를 시켰다. 주문을 한 지 10여 분쯤 되었을까? 주문을 받았던 사람은 안 오고, 주방장 차림의 사람이 와서 주문한 음식 재료가 없단다. 아직 관광시즌이 아니어서 준비가 안 되어있다고. 다행인 것은 다른 레스토랑에서는 메인메뉴와 함께 서브메뉴, 음료 등을 시키면 메인메뉴가 나오기 전에 서브메뉴와 음료가 먼저 나와 이를 먹고 마시다 메인메뉴를 먹는데, 오늘은 일단 메인메뉴가 나오는 것을 보고 나머지를 주문하자고 했었다. 한꺼번에 주문했다면 이 레스토랑에서는 서브메뉴와 음료만 마시고 메인메뉴는 다른 음식점에서 먹는… 이런 상황이 될 뻔했다. 남은 돈 쓸 곳 찾아다니느라 시간을 허비하는 바람에 출발 시각에 쫓기게 되었다.

훈자에서 소스트까지 계곡을 따라 산의 기암괴석이 절경이다. 누가 새겼는지 모를 선사시대의 암각화를 구경하기도 하면서 중간중간에 파키스탄-중국 우호터널 다섯 개를 통과했다. 버스로 약 3시간 걸려 도착했다. 해발 2,800m의 소스트는 바람이 많이 불고, 날씨는 흐렸다, 맑았다, 비가 내렸다 한다. 파키스탄에 속하는 마지막 마을 소스트 주변은 민둥 바위산이고 1km쯤 되는 도로 양쪽으로 은행, 약국, 식료품점, 슈퍼, 농기구 판매점, 옷가게, 음식점들이 자리한다.

가게가 이어진 끝으로 오른쪽에 세관과 출입국관리소가 있고 중국과의 교역을 위한 각종 화물 창고들이 있다. 카라코람 하이웨이에서 중국 국경을 넘기 전 파키스탄의 풍경이다.

중국 위안화를 환전하고자 은행 세 곳에 들렀는데 영업시간이 10시~14시까지라는 팻말이 걸려있고 문은 닫혀있다.

몇 군데 슈퍼에 들른 끝에 겨우 위안화 환전을 했다. 환전상은 은행 영업 시간은 끝났고, 우리가 꼭 환전해야 할 줄 알고 있으니 환율을 높게 쳐줄 리 없다. 스카프 가게에 들렀는데 파키스탄 물건은 없고 온통 중국에서 생산된 물건뿐이다.

내일 버스 안에서 먹을 점심 대용으로 빵과 과일을 구입했다. 과일은 시들 었거나 크기가 작은 사과뿐이다. 오이, 체리, 토마토가 그중 신선도가 나은 편이다.

불과 세 시간의 이동으로 더운 지방에서 갑자기 추운 곳으로 온 셈이다. 의류가게에서도 겨울옷을 팔고 있다. 국경 마을에 손님이 없으니 식당도 모두 문이 닫혀있어 호텔에서 저녁 식사를 했다. 파미르고원이 가까운 추운 지방이라 그런지 음식 맛이 짜지 않아 좋다.

슬리핑백을 가져올까 하다 괜찮겠지 하고 그냥 왔는데 어쩔 수 없이 옷을 몇 겹으로 껴입고 호텔에 더운물을 부탁하여 뜨거운 차를 마셨다.

인터넷 환경도 열악하여 소식을 접할 수 없다.

제3장
신장위구르

신장 위구르
자치구

키르기스스탄
Kyrgyzstan

카슈가르
Kashgar

타슈쿠르간
Tashkurpan

쿤저랍패스
Kunjerab Pass

5/17(17일째) ★ 총령(葱嶺, 파미르고원)과 최고 절정인 쿤자랍 고개를 넘어

출국사무소에서 여권을 검사하고 승객들을 버스에 타게 한다.

짐 검사는 모두 하는 게 아니라 발췌 정밀검사를 한다. 아직 근무시간이 아닌 이른 아침이어서 미리 대기하였다가 여권과 짐 검사 후 승차하였다. 한 번 버스에 타면 도중에 내릴 수 없다 한다.

예전에는 버스에 파키스탄 군인이 동승하여 함께 이동했다는데, 지금은 군인이 승차하여 인원을 파악한 후, 버스 뒤에서 별도 차량으로 따라오며 중간에 내리지 못하도록 감시한다. 도중에 국립공원을 지나는데 통과세 8달러를 받는다. 통과하는 부근이 4개국(파키스탄, 아프가니스탄, 타지키스탄, 중국) 국경의 접경지여서 그런지 검사와 행동에 엄격하다.

어쨌거나 여기서부터 국경까지 2시간 30분 동안 카라코람 하이웨이의 최고 절정을 감상한다.

파키스탄 국경에서 검문하느라 버스에서 내렸는데 국경 초소의 군인이 멀리 산을 가리키며 파키스탄을 상징하는 동물인 Himalayan IBEX라고 알려준다.

파키스탄의 국수(國獸)는 히말라야 야생염소인 마르코(Markhor)인데 뿔의 형상이 와인병의 코르크 마개를 따는 오프너 비슷하다. 군인한테 메모지에 동물 이름을 써달라고 하니 Himalayan IBEX라고 내 메모지에 적어줬는데 둘 다 염소인 것은 분명하다.

소스트에서 3시간여를 더 가면 중국으로 넘어갈 수 있는 쿤저랍패스가 나오는데 세계에서 가장 높은 국경이다(4,894m). 이곳은 세계에서 가장 웅장하고 높은 산맥인 카라코람, 힌두쿠시, 히말라야, 파미르고원이 만나는 곳이다. 카라코람 하이웨이는 고지대의 눈 때문에 11월부터 4월까지는 국경이 통제되고 있다.

카라코람 하이웨이를 달리다 보면 도로 주변 잘 보이는 위치 또는 검문소에 광고판 또는 탑 형태, 아치에 파키스탄－중국 우호(友好)를 나타내는 구호가 수없이 등장한다. 중국이 야심 차게 추진하는 일대일로(一帶一路: 육상·해상 실크로드) 프로젝트는 양국의 전통적인 우호관계를 강조하며 "중국과 파키스탄은 전천후 전략적 협력 동반자"라며 상호 이익을 강조한다. 그러나 양국의 일대일로 프로젝트인 경제회랑(CPEC)을 진행 중인 파키스탄 입장에서는 심각한 부채만 떠안고 있어 혜택은 하나도 없고 중국의 성장만 확대되고 있다고 비판한다. 이익을 좇는 중국은 "우리의 우정은 히말라야산맥처럼 높고 바다처럼 깊다"고 말하지만 이는 어디까지나 중국을 중심으로 육·해상 실크로드 주변의 60여 개국을 포함한 거대 경제권 구상을 염두에 둔 것이다. 다시 말해 유라시아 대륙에서부터 아프리카 해양에 이르기까지 중화주의(中華主義, 중국의 자문화 우월주의)와 경제 영토를 확장하기 위한 야심일 뿐이다. 카라코람 하이웨이를 통해 중국의 경제침략은 가속되는 것이다.

한 시간 달려 다시 검문소에서 여권을 스캔하고 사진을 찍었다. 여권 사진과 실물이 다르다고 옆 출국 심사관을 불러 상의하고 또 나를 쳐다본다.

이봐! 그 여권 사진 10년 전 사진이라고!

하~ 사진이 실물보다 너무 젊다나 어쩐다나~

검문소 앞마당의 버드나무는 물이 올라 잎이 파릇파릇 돋아나고 있고 매화나무에는 분홍 꽃이 피어있다.

세계에서 가장 높은 ATM

검문소 옆 ATM기기 입구 간판에 세계에서 가장 높은 ATM이라고 쓰여 있다.

세계의 지붕인 파미르고원(Pamir Mountains)은 눈 덮인 겨울이고 산 아래는 봄, 봄, 봄이다.

　손자가 눈 덮인 카라코람 산맥과 빙하가 침식해 생긴 거대한 골짜기 주름을 바라보며, "할머니~ 카라코람 산맥 주름은 저렇게 아름다운데 할머니 주름은 왜 이렇게 미워요!" 그런다.

　쇠가 녹슬고 깎아놓은 사과가 갈색으로 변하는 것과 사람이 늙는 것은 똑같은 산화현상이다. 안티에이징(Anti-Aging) 싫어하는 사람이 있을까마는 마냥 안티에이징을 추구한다고 가는 세월을 거스를 순 없다. 조선 시대 최상의 건강관리를 받던 왕들의 평균수명은 46세였다(예외로 환관의 평균수명은 70세). 1905년 24세, 1940년대 45세, 1960년대 53세, 그러다 갑자기 청결한 위생환경과 식생활 개선, 첨단 의학의 발전으로 인간의 수명은 반세기 만에 두 배 가까이 늘었다. 주름은 노화에 동반되는 자연스러운 현상이다. 평생 청춘으로 살 수도 없다. 어떻게 늙을 것인가? 각자의 선택이다.

아이들은 무서운 속도로 자라고, 젊음은 곧 지나가고, 늙은이한테는 다가올 죽음이 유일한 미래이다. 젊음을 가치 있게 지내야 늙을 줄도 알고 열심히 늙음을 즐겨야, 죽음의 의미를 알 수 있다. 어떻게 젊음을 보내고, 어떻게 늙고, 언제 죽는지는 각자 다르다.

인생은 짧다!

내가 선택한 삶!

카르페 디엠(carpe diem)!

점점 고도가 높아진다. 고도계는 3,700m를 가리키고 있다. 나는 고산병 증세가 있다. 페루 쿠스코에서 안데스산맥을 넘을 때도 숨이 가빠지며 몽롱하면서도 나른함에 힘들어했었다. 이렇게 4,693m의 쿤저랍 고개에 위치한 중국 땅 검문소에 도착하여 지금껏 받아보지 못한 대접을 받는다.

우리가 탄 버스를 도크 안으로 들어가게 한 후 앞, 뒤 셔터를 내려 완전하게 외부와 격리한 후 짐 검사와 여권검사를 한다. 이어 우리를 감시하며 뒤따랐던 파키스탄 소속 군인이 우리를 중국 출입국사무소 직원에 인계한다.

조금 전 짐 검사와 여권을 검사(파키스탄 출국시)했었는데 이번에 다시 중국 공안이 까칠한 태도로 가방검사와 여권검사를 철저하게 한다. 그 많은 가방과 짐을 X선 투시기를 사용하지 않고 일일이 파헤치며 오로지 손과 눈으로만 검사한다. 버스에 승차한 탑승객의 숫자를 파악하고, 우리가 탄 차량을 중국 공안 차량이 뒤따른다.

5월 중순인데 사방에는 흰 눈만 가득한 총령(葱嶺: 중국에서 불렀던 파미르고원의 옛 이름)이다. 중국에서 출발해 천축에 들어갈 때 지나갔던 길, 쿤저랍 고개 해발 4,934m 고원, 달마대사가 한쪽 신발을 벗어들고 넘어갔다는 총령은 구법 스님들이 목숨을 걸고 왕래했던 길이기도 하다.

고원지대를 연결하는 도로풍경은 설산과 계곡 사이로 낮은 하늘과 어쩌다 지나치는 야크, 험준한 산맥 한 귀퉁이에 자리한 작은 마을들이다.

중간에 호수 '카라쿠리' 휴게소는 지나는 관광객이 많지 않아 그런지 기념품 가게는 문이 닫혀있고 음식점만 문을 열었다.

호수 뒤쪽으로 무스타거 봉, 파미르고원에서 가장 높은 호수 Karakul Lake(키르기스어로 검은 호수), 마즈타가탄 산(7,545m), 콩구르타그 산(7,649m), 콩구르튜베 산(7,530m)에 둘러싸여 있다. 검푸른 호수 빛깔과 호수 주변이라 다른 곳보다 춥다. 얼어붙은 산봉우리 정상을 흰 구름이 훑고 지나간다. 만년설이 녹은 물은 계곡으로 흘러내려 큰 물줄기를 이룬다. 산 아래 계곡은 아직 녹지 않은 얼음 사이로 물이 흐르고 검은 자갈 사이로 어느새 녹색 풀이 비집고 올라온다. 그 위로 야크와 양 떼가 평화롭게 풀을 뜯고 있다.

황량한 고원지대를 지나 고도가 3,300m 지역으로 내려오니 비로소 수목

대가 보이기 시작한다. 도로에는 어쩌다 중국 건설장비 차량만 오가고 교통량은 많지 않다. 이 길을 통해 중국의 화물차들이 넘나들며 파키스탄과 교역을 한다. 고원은 사막화되어 흙먼지가 날리고 먼지와 비가 섞여 누런 흙비가 내린다. 여태까지 세 번의 여권 조사와 짐 검사를 했건만 고원에서 내려온 우리를 신장지구에서 우리를 뒤따르며 감시했던 공안이 출입국사무소에 인계한다(아니~ 도대체 몇 번이나 우릴 검사하는 거야).

출입국 직원은 여행객들을 줄 세우고 또 여권을 보자고 하는 것이 미안했는지 관리자인 듯한 직원을 가리키며, 꼼꼼하게 검사하지 않으면 저 사람에게 혼난다며 손으로 목을 그어 보인다.

쉴 사이 없이 짐을 검사대에 들어 올리고 내리느라 힘들다. 가방의 열쇠를 풀어야 하고, 짐을 헤쳐야 하고. 여권에 스탬프가 찍힌 방문국에 대해 일일이 물어보고, 특히 비자가 붙어있는 인디아, 잠비아, 미국 등에 대해서는 방문사유와 일정에 대해 꼬치꼬치 묻는다.

심지어 카메라를 켜서 촬영한 내용을 확인하고 스마트폰에 저장된 사진과 내용, 노트북의 내용까지도 일일이 확인하고 현재 직업이 뭐냐? 퇴직했다고 하면 퇴직 전 직업까지 묻고는 일기와 관광지의 팸플릿, 자료, 영수증까지 하나하나 살핀다.

이는 직원 개인의 성향이기보다 중국의 입국, 통관 정책임이 분명하다. 모두 기분이 좋을 리 없다. 분쟁을 일으키는 신장위구르지역이라 더 심한지도 모른다. 이 지역의 치안은 우루무치공안국에서 담당하고, 국경의 출입국사무소 직원들의 생김새가 모두 한족(漢族)이다. 소수민족은 보이지 않는다.

신장위구르(신장의 뜻은 새로운 영토, 위구르는 단결과 연합이라는 뜻의 위구르어) 지역은 1756년 청나라가 이 지역에 살던 오이라트족에 대해 대대적인 학살로 인종청소를 단행해 점령한 이후 위구르족을 이주시켰고, 소수의 청나라 군대가 주둔하면서 중국의 영역이 된 곳이다. 신장이라는 지명은 청나라에서 붙인 중국어 지명이며, 위구르 독립 운동가들은 동투르키스탄이라는 지명을 쓴다. 이들은 수차 중국으로부터 독립하고자 무력투쟁을 벌여왔으나 그때마다 탄압을 당했다. 1949년부터 중국영토 일부로 편입됐지만, 1990년대 구소련 붕괴와 함께 투르키스탄이 탄생하자 여기에 자극받아 위구르족 독립운동 단체들이 이곳에 동투르키스탄 공화국을 세우기 위해 무력투쟁에 들어가 여전히 교전 중이라 한다.

　오죽하면 중국공산당 정부는 공산당 간부들이 일정 기간 위구르족 가정에서 생활하는 강제적 동화정책(一家親運動)까지 펴고 있다. 이 정책은 2개월마다 최소 5일간 무슬림 가정에 머물며 숙식을 해야 한다. 내 집에 일면식도 없는 중국공산당 간부인 외간남자 또는 외간여자가 함께 밥 먹고, 잔다고 생각하면 얼마나 끔찍한 일인가? 중국 5대 지도자인 시진핑(習近平)이 이렇게 무서운 사람이다. 하지만 주민들은 이러한 동화정책에 심한 거부감을 느끼고 있으며, 신장지역의 불안한 정세로 인해 한족들은 이곳을 떠나고 있다. 신장 위구르 지역의 불안한 정세와 테러에 위험을 느껴 이곳을 떠나는 한족의 탈출행렬이 많아지자 신장자치구의 우루무치 공안 당국은 지난해 여름부터 주민들이 다른 지역으로 이주하는 것을 허용하지 않고 있다. 우루무치공안국의 추가 통지가 있을 때까지 이동이 금지된다고 한다.

중국 공산당정부는 2014년 위구르 독립운동 단체의 무차별 테러로 인해 33명이 숨지고 140여 명이 다치는 '쿤밍역 테러사건이 발생한 이후, 신장지구가 아프가니스탄, 파키스탄과 같은 무슬림의 테러 취약국가들과 국경을 맞대고 있어 IS와 같은 극단주의 테러 집단을 방지한다는 구실로, 중국 인민해방군을 곳곳에 배치하였다. 2017년부터는 전체 위구르족 인구의 약 10% 정도인 100만 명 이상의 주민들을 직업 훈련한다는 명목으로 직업 훈련소를 합법화하여 훈련생들에게 중국공산당에 대한 충성을 맹세하고 신앙을 포기케 강요한다고 한다. 공안 당국이 위구르족 주민들을 강제 수용소에 마구 구금한 탓에 노동력이 부족해져 경제가 침체하고 생활 기반마저 무너지고 있다 한다.

국제사회와 유엔은 중국이 위구르족에게 사상을 주입하고 강제이주를 강요하고 있다고 말한다. 사실상 강제수용소인 셈이다. 신장자치구는 1,100만 명의 위구르족 이슬람교도가 거주하는 지역이다. 최근 중국의 새로 발표된 법률은 이슬람교 내 할랄 개념 설파, 국영 TV와 라디오 시청과 청취 거부, 자식이 국가교육을 받는 것 등을 방해하는 사람들은 '구금'할 수 있도록 했다 한다. 무슬림들이 먹고 쓸 수 있도록 허용된 할랄제품을 규제하는 것은 사실상 모든 무슬림을 규제하겠다는 것이다. 결국 '위구르족의 종교와 문화는 후진적이고, 중국 문화는 우월하다. 이를 뒷받침하는 공산당은 위대하니 딴생각하지 말라'는 의미이자 경고인 셈이다. 종교를 탄압하는 것 역시 '중국의 리비아 또는 중국의 시리아로 변질하는 것을 사전에 방지하기 위한 노력이다.

신장위구르 경제의 3대 축은 에너지와 교통, 문화 산업인데, 국영 기업들이 석유, 화학, 철도, 항공 등 각 분야를 장악하면서 현지 일자리가 필요함에도 위구르인이라는 이유로 고용을 꺼려, 실업률은 증가하고 상대적 박탈감으로 독립운동의 열의는 더욱 높아지고 있다 한다. 이에 비례하여 중국 공산당정부의 감시와 탄압은 더욱 높아지고 있다. 이런 악순환의 고리를 끊을 수 있는 것은 신장위구르 지역의 독립이 아닐까? 구소련처럼~

어쩌면 세계평화의 지름길은 분리 독립국이 많이 탄생하는 것이 아닐까? 나라 이름(國名)에서 'united'라는 단어가 없어지는 날이 왔으면 좋겠다. The United Kingdom과 The United of America에서도 'United'가….

입국장 입구에서 한 번, 줄 서서 한 번, 지문과 얼굴 사진을 찍으며 나올 때 또 한 번 이렇게 여권심사를 했다. 9·11테러 이후 미국에 입국할 때보다 더 어렵다.

좋지 않은 대접을 받으면서 어렵게 쿤저랍패스를 통과하여 중국에서 만난 도시는 타슈구르간(3,200m)이다. 쿤저랍 고개는 피를 의미하는 Khun과 개울(Stream)을 의미하는 zerav에서 유래하였다고 하는데, 이 고개를 넘던 상인들이 강도들에게 많은 피해를 입었기에 이런 이름이 붙여졌다고 한다. 상인도 아닌 여행객들에 대한 (중국공안들의) 通過 대접이 영 마뜩잖다.

타슈구르간이란 '돌의 탑' 또는 '돌의 성'이란 뜻으로 파미르고원 동쪽에 위치해 있다.

중국의 소수민족 중 하나인 타지크족 자치현의 중심지이다. 언어도 중국어와 투르크 언어를 사용하지 않고 이슬람의 페르시아 계통 언어를 사용한다.

고원지대의 황량하고 건조한 지역으로 유목민들이 주로 유르트에 거주하고, 파미르고원을 따라 형성된 실크로드의 오아시스 도시다. 황량한 도시 어디쯤인가에 고구려의 고선지 장군 흔적이 있을 것이다. 서유기의 당나라 고승 현장법사가 장안에서 출발해 죽을 고비를 넘기며 인도 나란다에 도착하기까지 절반을 이곳 타슈구르간에서 보냈다고 한다.

밖은 비바람이 불고 추워 호텔에서 저녁을 해결했는데 여타 호텔의 레스토랑과 다른 점은, 레스토랑에서 주문과 결제를 할 수 없고 리셉션에서만 가능하였다. 그 사유는 레스토랑에서 식사할 때 알았다. 신장위구르 지역은 반중 감정 때문에 소수민족들은 중국어 사용에 반감이 많아 고유 언어만 사용이 가능하여 영어 등 다른 언어는 전혀 소통이 되지 않기 때문이다. 상점에서도 중국어를 쓰면 이에 대한 반감으로 바가지를 씌우기 때문에 주의해야 한다고 한다.

특이한 점은 중화인민공화국의 시간대는 중국 전역이 베이징 시간(UTC+8)으로 통일되어 있어 공식적인 시차는 존재하지 않으나, 신장위구르자치구에서는 비공식적으로 베이징 시간보다 2시간 늦은 시간이 사용되고 있다.

5/18(18일째) ★ 긴박했던 순간, "할아버지 알레르기 있어요!"

오늘은 타슈쿠르간을 떠나 카슈가르로 하루 종일 이동이다.

깎아지른 절벽과 강을 건너는 1,620m의 다리를 건너 긴 터널(2,635m)을 지난다. 또 다시 check point에선 여권검사와 얼굴 사진을 찍는다. 외국인과 내국인(통행증)의 동선이 전부 파악되는 통제사회다.

카슈가르는 중국 땅을 지나는 실크로드의 서쪽 끝으로 중국보다는 이슬람 문화권이다. 입국 시에 심할 정도로 검색을 해대던 출입국사무소의 공안들은 신장위구르 해당지역의 공무원들이거나 가까운 지역에서 차출한 공무원이기보다는 베이징에서 교육을 받고 파견되어 근무하는 것처럼 느껴진다. 검사하고 검색하는 분위기가 따스함보다는 움츠러들게 한다. 물론 예외는 있었다. 외손자가 화장실이 급해 입국장에 들어서자마자 입국관리원에게 용변을 볼 수 있게 부탁했더니 입국장 넘어 화장실에 갈 수 있게 허락하였다.

카슈가르는 실크로드를 개척했던 대상(隊商)들이 공기도 희박한 고지대를 낙타에 짐을 싣고 황량한 사막을 가로지르고 파미르고원과 깎아지른 절벽 위로 난 산길을 통과하여 지친 몸을 쉬게 할 수 있었던 오아시스 도시다.
우루케레와티 다반(4,000m)에서 부터는 계속 내리막길이다.

긴박했던 일이라 잊히지 않는다.
오후 2시 57분! 성묵이가 갑자기 외친다.
"할아버지 알레르기 있어요!"
순간, 정신이 번쩍 들며 이를 어쩌지?
난, 비상상황이 되었다.

알레르기로 인해 얼굴과 피부에 붉은 반점이 나타나 점점 커지고 기도가 부어올라 숨쉬기가 곤란해진 것이다. 어제 타슈쿠르간에서 카슈가르까지의 장거리 버스 이동 때 먹으려고 구입한 빵을 먹은 탓이다.
성묵이는 글루텐 알레르기가 있어 밀가루가 섞인 음식을 먹으면 안 되는데, 내가 노랗고 먹음직스러운 빵을 먹으면서 이거 옥수수빵인데 맛있다고 하니 조금 먹었던 것이다. 100% 옥수수로 만든 빵이었으면 괜찮았을 텐데 옥수숫가루를 반죽할 때 점도를 고려하여 약간의 밀가루를 섞었던 모양이다.
숨이 차서 쌕쌕거리는 성묵에게 비상용으로 가지고 다니던 분무흡입제인 '벤토린' 호흡기를 사용할 수 있게 하여 우선 호흡곤란 증상을 완화시켜 주었다. 알레르기 증상이 있으면 맨 처음 목구멍의 기도가 부풀어 기도 폐쇄성 장애에 의한 호흡곤란 증상이 나타난다. 보통 알레르기가 신체 일부분인 국소성 반응인 데 비하여, 심한 쇼크 증상이 과민하게 나타나 전신성 반응을 일으킨다. 호흡곤란으로 인한 호흡기폐쇄에 혈관 수축과 혈압 저하 등 쇼크가 생긴다.

갑작스러운 알레르기 쇼크에 대비하여 미국에서 출발할 때부터 소지하고 있던 비상 주사약 아나팔락시스(Anaphlaxis)를 달라고 한다. 이번 여행에서 아나팔락시스가 주입된 일회용 주사기는 언제 어떤 상황이 발생할지 모르기 때문에 여권은 호텔 금고에 보관했을지언정 비상 주사약이 주입된 응급주사기는 항상 갖고 다녔다. 글루텐으로 문제가 생기면 병원 응급실에 가더라도 의사가 알레르기 쇼크 검사·확인하고 처치하기까지에 너무 시간이 소요되기 때문이다. 더군다나 열악한 여행지에서는 의료상황이 어떨지 알 수 없기 때문에 항상 비상주사제를 준비하고 있어야 한다.

시간이 지날수록 자색 반점이 신체의 여러 곳으로 퍼진다. 목, 등, 배, 다리, 팔, 온몸이 붉어지고 얼굴과 이마 등이 부어올랐다. 기도가 부어올라 숨 쉬는 것을 힘들어한다.

외손자는 견딜 수 있을 때까지 참고 있는 중이다. 이번 여행에 비상 주사기(약)를 2개 가져왔는데 한 개를 사용하면 남은 여정 동안 한 개의 비상약만으로는 불안할 것 같아 어쩌지도 못하고 있다. 견딜 수 있을 때까지 참다가 임계섬에 다다랐을 때 할 수 없이 허벅지에 주삿바늘을 꽂을 것이다.

옆에서 이를 어찌 도와줄 수 없이 바라만 보는 내 마음은 뭐라 표현할 수 없이 애끓고 그 시간이 길고 고통스럽다.

버스에 탄 사람들은 휴게소에 도착하자 점심 먹으러 모두 내리고, 버스 안에 성묵이와 나, 단둘이다. 호흡이 가빠져 숨쉬기가 어려워지고 온몸이 붉은 반점으로 가렵고 열나고, 사람들 없는 버스 속에서 팬티만 남기고 옷을 모두 벗겼다.

이렇게 어려운 상황이 두 시간쯤 지나자 몸에 나타난 붉은 반점이 조금씩 사그라지면서 숨쉬기도 점점 호전되기 시작했다.

글루텐 알레르기 환자들은 먹거리를 살 때도 상품 포장에 작은 글씨로 표시된 성분을 세밀하게 살펴야 한다. 음식점에서 음식을 주문할 때도 밀가루가 들어간 음식인지 꼼꼼하게 물어봐야 하고, 음식을 만들 때도 조리 기구에 글루텐의 성분이 묻거나 남아있는 상태에서 만들면 부작용이 있으므로 먹거리 선택에 꼭 글루텐프리를 찾아야 한다. 몇 년 전 뉴욕에서 처음으로 손자 음식을 주문할 때 더듬거리며 주문했었다. 글루텐성분이 없는 음식이어야 하고 땅콩 같은 견과류와 땅콩기름 역시 먹으면 안 되기 때문이었다. 영어가 짧아 일일이 글루텐 함유 여부를 확인하고, 이거는 빼고 이거는 넣어도 되고 어렵게 주문하는 나한테 외손자는, 할아버지는 왜 어린이 영어를 하세요? 라고 핀잔을 줬었다.

알레르기 소동을 치르며 어려운 길 300km를 6시간 만에 어떻게 넘었는지 정신없이 카슈가르에 도착했다.

위구르족이 76%를 차지하는 카슈가르는 '여러 색깔의 집' 또는 '처음으로 만든'이라는 뜻의 위구르어이다. 한자로는 객십(喀什)으로, 신장위구르(웨이우얼) 자치구로 타림분지 서쪽의 오아시스 도시로 중앙아시아로 나가는 실크로드의 요충지이다.

카슈가르는 중국어로 '카스' 또는 '하스'로 발음하는데 이 지역은 신장위구르 자치구에서도 분리 독립운동이 활발한 곳으로 중국의 화약고로 불리기도 한다. 이곳 무슬림인 위구르족은 독립을 요구하며 시위와 테러를 저지르고 있다 한다. 파키스탄에서 중국 땅으로 들어올 때 그렇게도 검문검색이 불쾌할 정도로 심했던 것이 이해된다.

시내에서 제일 넓은 직선도로의 이름은 '중–파 우호도로'라는 명칭을 붙였다. 머문 호텔은 200여 년 전에 지은 구러시아공사관을 호텔로 개조한 Seman(色滿) 호텔이다. 중국 아니랄까 봐 본관과 정원을 사이에 두고 별관으로 나뉜 큰 규모이다. 러시아 분위기의 호텔인데 객실은 그럴듯하다. 따뜻한 물에 헤어드라이어가 준비되어 있고, 일회성 비품인 어메니티가 갖추어져 있는 숙소에서 오랜만에 호사를 한다. 환경이 사람을 만든다고 춥고 비 오는 고산지대에서 고생하며 찾아온 보람이다.

5/19(19일째) ★ 카슈가르 청진사 & 향비묘

호텔에서 카슈가르 지도를 얻어 시내로 나갔다.

첫 방문지인 청진사(淸眞寺, Idkha Mosque, 중화권에서는 모스크를 청진
사라 부른다. 양파처럼 생긴 돔과 첨탑이 사라지고 푸른 기와를 얹어 이슬
람 모스크와 구분이 된다)는 1442년에 세워진 노란색의 사원으로 무슬림인
위구르족 삶의 중심에 있는 이슬람 사원이다. 중국 내 이슬람 사원으로는

최대 크기인 이드카(청진사)는 위구르어로 '축제의 광장'이라는 의미이다. 아치 형태의 정문에 정문보다 높은 첨탑이 양쪽으로 대칭을 이룬다.

예배일인 금요일이 아니어서인지 입장권을 구입해야 들어갈 수 있다.

보통 모스크는 예배당 입구에 수도시설이 되어있어 예배 전에 손발을 씻게 되어있는데, 청진사는 예배당 밖에 몸을 씻는 두 개의 연못이 있다.

다른 모스크와 마찬가지로 남자들만 본당에 들어가 예배를 드릴 수 있다. 여자는 청진사 앞 광장에서 예배를 드려야 한다. 여자들이 본당에 들어올 경우는 죽어서 잠시 들어왔다 나가는 장례의식 때만 가능하다고 한다. 사원 입장권을 구입하고 들어올 때도 남녀가 들어올 수 있는 문이 별도이다.

광장에는 12개의 기둥으로 건설한 이슬람 탑이 있고 널따란 광장 한 귀퉁이에 수공예 기념품을 파는 토산품점이 있다. 한족들이 운영하는 이곳에서 태어난 해의 동물을 새긴 조롱박 열쇠고리를 구입했다.

원래 청진사 광장은 2,000년 역사를 자랑하는 중앙아시아 최대 시장 중 하나인 중시야(中西亞) 바자르(bazzar, 시장)가 열리던 장소였다. 1주일에 한 번 열리는 장날은 실크로드를 통과하는 상인은 물론 카슈가르의 위구르족들이 몰려들었다. 단순히 물건을 사고파는 시장의 기능뿐 아니라 세상의 정보를 얻는 화합과 축제의 장터였다. 주변 광경은 중국이라기보다는 중동지역의 이슬람국가에 와 있는 느낌이다.

지금은 외곽으로 바자르를 옮기고 광장에 분수와 동상을 설치해 놓았나. 이렇게 시장을 옮기고 광장을 축소한 중국 정부의 속내는 예배와 함께 바자르가 열리는 날 위구르족이 모이는 결집을 해체하여 공동체의 힘을 빼려는 술수가 담겨있다고 한다. 신장지역이 중국 대륙 땅 넓이의 1/6을 차지하는 거대한 규모이니 위구르족이 독립하려는 싹을 아예 처음부터 잘라버린 셈이다.

카슈가르 고성지구(古城地區)는 옛 시가지(Old Town) 주택구로 관광지화되어, 올라가는 어귀에서 입장권을 사야 들어갈 수 있다(반대로 상업지구로 들어오면 입장권이 필요 없다). 이슬람식 주거지역의 정취가 남아있는 자동차가 들어갈 수 없는 좁은 골목과 2~3층으로 지어진 주택은 작은 회랑으로 연결되어있다. 고성지구의 바깥은 옛 정취는 사라지고 장사하는 상업거리로 변했다. 원래 장사하던 사람들은 쫓겨 가고 자본을 동원한 대형 쇼핑센터가 단체 관광객을 맞이한다.

지금은 커다란 광장을 남겨두고 외곽으로 시장을 옮겨 일요시장이 열리고 있다. 대장장이가 그릇과 농기구를 만들고, 아낙네가 수공예품과 털모자를 직접 만들어 팔고 있다. 우리 옛날 생활양식의 도구와 비슷한 용품과 악기들, 형형색색의 카펫을 전시하고 있다. 사막을 건너고 설산을 넘어 오아시스에 도착한 대상들은 각기 다른 나라에서 특산품을 가져와 교역하며 자연스레 시장이 형성되었다. 카슈가르와 국경을 이웃하고 있는 나라는 5개국으로 파키스탄, 타지키스탄, 아프가니스탄, 키르기스스탄, 카자흐스탄에서 흘러들어온 다양한 특산품들이 전시되어있는 실크로드의 역사를 품고 있는 서역 최대의 시장이다. 일요시장이라지만 대상(caravan)이 없는 지금은 상설시장이다. 중국 땅이지만 전혀 중국스럽지 않은 곳 중시야(中西亞)이다.

시장구경을 마치고 시장기를 해결하고자 꼬치 집에 들렀다. 식당에서 만두와 샤슬릭, 차를 주문하고 음식이 나오기만 기다리고 있을 때였다.
아~ 갑자기 여권과 카드, 돈을 넣어 허리에 차고 다니던 세이프백이 보이질 않는다. 장 여사(아내) 얼굴은 사색이 되고….
주문한 음식이 나오기 전, 여권을 잃어버려 가봐야겠다고 얘기하고 급하게 식당을 나와 택시를 탔다. 호텔에 가는 택시 안에서 집사람은 자기가 복대에 차고 간수했으면 이런 일이 일어나지 않았을 텐데 관리를 잘못하여 잃어버렸다면서 원망을 한다.

그런데 도대체 어디에서 잃어버렸는지 생각이 나질 않는다. 바자르에서 조롱박 열쇠고리를 살 때도 세이프백이 있었는지 없었는지 생각이 나질 않고, 청진사에서 입장권을 살 때 돈을 어디에서 꺼냈는지도 생각이 나질 않는다.
여권을 세 개나 백에 넣고 다니면 불룩하여 보기에 좋지 않고, 장 여사가 복대에 여권을 세 개나 넣고 옷을 입으면 여자로서 맵시가 나나? 그것도 여권에 도장을 하도 많이 찍어 더 이상 스탬프 찍을 여백도 없고, 비자 붙일 쪽수가 부족하여 여권에 24페이지를 덧붙이고 수많은 국가의 비자가 덕지덕지 붙어 두툼하게 된 여권을 복대에 차고 다니면 오뚝이 배가 된다.

난 나름의 생각 끝에 두툼한 여권을 세이프 백에 넣어 허리에 차고 다니며 신경을 썼었는데 그만⋯ 여정의 중간에서 이런 황당한 일이 발생했다.

앞으로 남은 여정인 키르기스스탄과 우즈베키스탄 가는 것은 고사하고 중국에서 옴짝달싹하지 못하고 마는 것 아닌가? 그렇지 않아도 중국에선 도시 간 이동에도 수시로 ID 검사하고 지문 찍고 얼굴 사진 찍고 하는데⋯ 가까운 영사관이나 3,000km 떨어진 베이징대사관까지 가서 임시여권을 발급받을 생각을 하니 아찔하다.

그런데 문제는 나와 장 여사 여권을 잃어버린 것은 그렇다 치고, 물론 잃어버린 여권에 유효기한이 9년이나 남은 미국 비자가 붙어있어 단순한 문제는 아니나, 외손자인 성묵이는 우리와 여행이 끝나면 곧바로 미국으로 가야 하는데 더 큰 문제가 된다는 사실이다.

정신없이 호텔에 도착하니 리셉션 데스크에 직원이 없다. 룸 키(카드)도 함께 넣어뒀는데 세이프백이 없으니 방에 들어갈 수가 없다. 복도에서 청소하는 사람에게 사정하여 마스터키를 받아 방문을 열고 뛰어들어갔다.

없다! 없어! 세이프백이~

방을 2개 사용했기 때문에 방 하나를 더 확인해야 한다. 남은 방 하나를 마스터키로 열었다. 침대 위에 까만 세이프백이 보였다.

그런데 여사님은 그 가방은 내가 허리에 차고 다니던 팩이 아니라 자기 가방이라고 한다. 이런~ 여권과 카드, 현금이 든 가방을 잃어버린 나 때문에 정신줄을 놓았는지 내 가방을 자기 가방으로 알고 있다.

그런데… 그것은 형만이 가방이었다!

정식 이름은 '팩세이프', 안전장치로는 가방 내부에 보이지 않게 강철망으로 보호되어있어 칼로 쨀 수가 없고, RFIDsafe가 내장되어 신용카드를 넣어 둬도 복제를 할 수 없으며, 걸고 다니는 가방끈의 내부에 강철로 된 와이어가 있어 펜치로도 잘 끊어지지 않고, 허리에 차고 있을 때 잠금을 해제하려면 반드시 두 군데를 눌러야 하기 때문에 두 손을 동시에 사용하여야 한다. 이런 첨단 가방도 정신줄 놓으면 나처럼 된다.

찾았다! 우리 여권! 그리고 다음으로 중요한 신용카드와 돈!

대한민국 여권 만세~~ 카드 만세! 돈 만세! 가방 만세!

이렇게 해선 긴박했던 쇼는 끝나고 다시 택시를 타고 아까 그 식당으로 갔다. 패스포트 찾았으니 조금 전에 주문한 음식 다시 달라고~ 샤슐릭과 만둣국을 가져왔다. 우리가 급히 떠나는 바람에 주문했던 음식은 어찌 되었나 모르겠지만 다시 새로 만든 요리를 가져왔다.

조금 전 환장할 소동이 어땠는지 모르는 성묵이는 샤슐릭이 맛있다고 더 시켰다. 종업원이 가져온 꼬치가 방금 먹었던 꼬치와 약간 달랐다. 꼬치에서 고기를 빼서 입으로 먹으려는 순간~ 종업원이 달려와 하는 말이 손님이 주문한 꼬치가 아니고 잘못 가져왔으니 새로운 것을 가져다주겠다고 하고는 가져가 버린다.

기다린 끝에 꼬치를 가져왔는데 분명 2개를 주문했는데 이번에는 1개가 늘어 3개를 가져왔다. 자기들의 착오로 잘못 배달된 것에 대한 보답으로 1개를 더 서비스한 것이다. 그들의 호의로 15위안짜리 꼬치 한 개를 덤으로 먹었다. 그럼에도 계산할 때 5위안을 더 깎아 준다.

카슈가르 사람들의 친절은 여기서 그치지 않는다.

택시를 4번 탔는데 미터기 요금에서 3번을 깎아 줬다. 미터기 요금이 11위안(元, Yuan)이면 10위안, 12.5위안이면 12위안, 16위안이면 15위안만 받았다.

또 다른 식당에서도 카슈가르의 인심은 계속되었다.

어제는 음식값이 105위안이었는데 깎아서 100위안을, 오늘도 89위안을 받아야 하는데 80위안을 받았다.

다른 손님들에게는 어떤지 모르겠는데 우리한테는 전식으로 꽈배기, 쌀튀김, 전병, 과자, 바나나, 사과, 배, 쌀국수, 오이무침, 수박을 후식으로 주고 또 과일을 내온다. 식사 중간에 주인이 와서 맛있냐고 물어보고, 우리와 악수하고 부족한 것이 뭐냐고 더 가져다준다고 한다. 감동~ 감동~

카슈가르 교통의 특이한 점은 오토바이 주행 전용도로가 자동차 전용도로와 구분되어 있다. 오토바이는 기름을 연료로 사용하는 내연기관이 아니라 모두 배터리를 사용하는 전기오토바이로 소리 없이 주행한다.

주민들과 눈이라도 마주치면 누가 먼저라 할 것 없이 눈인사를 보낸다.

향비묘(香妃墓)는 시내 중심가에서 동북쪽으로 약 5km 외곽에 있는 이슬람식 고대 건축무덤인데, 카슈가르 출신 위구르족으로서 건륭제의 첩이었던 향비(香妃)가 묻혀있다는 묘(墓)로 위구르족에게는 정신적인 유적지로 국보 같은 곳이다.

향수를 뿌리지 않아도 항상 몸에서 향긋한 향기가 난다고 해서 향비라 불렀으며 향비는 이 지역 종교 귀족 집안인 아팍 호자 가문의 외손녀였다. 청나라 장군이 이 지역을 침략하여 황제에게 선물로 바치기 위해 그녀를 북경으로 보내 건륭제의 후궁이 되었으나 카슈가르에서 정혼한 사람을 잊지 못해 황제의 접근을 허락하지 않고 결국 목숨을 끊어 절개를 지켰다고 한다.

정복과정에서 나타난 여인네의 비극이 이뿐이랴. 그녀의 유체를 124명의 카슈가르 사람들이 특별한 상여를 메고 3년 반이나 걸려 북경에서 운구하여 호자가의 묘지에 묻어주었다고 한다. 향비묘는 개인 묘가 아닌, 이 지역의 전통에 따른 가족묘이다. 이렇기에 향비묘를 그녀 5대 선조 이름을 따 '아팍 호자의 묘'(Apakh Hoja, 1622~1685)라고도 부른다.

청색, 녹색, 황색으로 무늬가 그려진 타일로 장식한 이슬람식 문을 들어서면 청진사와 향비묘, 예배당이 나온다.

향비묘 옆에는 두 개의 사원이 있는데, 하나는 오이 모스크, 하나는 야스닥 모스크로 높은 곳의 사원은 여름 예배에 사용하고, 낮은 곳의 사원은 겨울 예배에 사용한다고 한다.

향비묘는 버스 또는 택시 주차장에서 내려 한참을 걸어가야 한다. 가는 길에 기념품과 말린 과일을 파는 상점이 죽 늘어서 있다. 넓디넓은 묘소와 모스크 내부의 화장실을 찾아 헤맸으나 찾을 수가 없었다. 중국에서는 황비를 뽑을 때 더운 날에도 솜으로 만든 옷을 입힌 다음 달리기를 시켜 그 이

후에 몸에서 향기가 나야 간택되었다고 한다. 무기 계약직이 아닌 정규직인 황비에게서는 향기가 났던 셈이다.

인공호수공원으로 조성한 카슈가르 시민들의 휴식처 동호공원(East Lake Park)은 외관이 시드니의 오페라 하우스처럼 웅장한 모습의 건축물, 거대한 바퀴에 매달려 빙빙 하늘을 도는 대관람차(大觀覽車), 호수 위를 떠다니는 보트와 호숫가를 따라 조성된 휴식처가 마련되어 있다. 호수공원 너머 10분 거리의 인민공원 정문 건너편에 먼저 눈에 띄는 것은 인민광장에서 오른팔을 높이든 18m의 거대한 모택동 동상이다. 공원 안에는 많은 시민들이 휴일을 즐기고 있다.

이슬람양식으로 된 Yusup Has Hajip의 묘지는 11세기 후반 카라한 왕조의 수도였던 발라사군(현 키르기스스탄)에서 태어난 사람으로 위구르족의 대사제이자 시인으로 키르기스스탄 지폐에도 그의 초상이 들어있다.

판투오청(盤橐城, 반탁성)은 중국 사상 최초로 서역과의 교역을 개척한 후한의 장군 반초(班超)를 기념한 유적으로 판투오청 성벽 안으로 들어서면 장군상과 그의 부하들 동상, 반초 동상을 배경으로 한 벽에 여러 나라와 교역하는 모습이 조각되어있나.

오늘이 국가여유절(國家旅遊節, 5/19)이라 명승지 관람 입장료가 무료로 1인당 100위안 이상인데 세 명 입장료 5만 원 정도가 절약됐다.

카슈가르의 교통은 택시도 안전띠, 버스도 안전띠를 매야 한다. 안전띠를 매지 않으면 삐삐~ 하고 경고음이 울린다. 승객 모두 안전띠를 매야 소리가 그친다. 교통질서 선진국이다. 가게 앞에 내놓은 자두가 싱싱하여 이를 사고 있는데 경찰이 가게 안으로 들어와 자두 한 상자를 문 앞에 내놓았다고 벌금고지서를 발부했다. 가게 주인은 군소리 없이 벌금고지서를 받고 서명한다. 자두 상자는 보행자의 교통에 전혀 방해되지 않는 보도에서 계단을 올라 가게의 출입문 옆에 달랑 한 상자가 놓여 있었다.

대한민국이라면 가당키나 한 일일까? 작은 자두 한 상자를 자기 상점 앞에 내놓았다고 뭐라 하는 경찰도 없을 테고, 벌금고지서를 발부받고도 아무런 변명 없이 서명하는 가게 주인이 몇이나 될까?

'준법'(遵法)이란 무엇인가? 여행자에게 던져진 숙제다.

제4장

키르기스스탄

5/20(20일째) ★ 키르기스스탄 타쉬라밧의 카라반 사라이 (Caravan Sarai)

중국 카슈가르에서 토르갓패스를 넘어 키르기스스탄 입국.

카슈가르에서 170km 정도 가면 중국 출국장인데, 국경으로 향하는 길은 검은 돌과 모래로 뒤덮인 황무지다. 중국 공안은 중간중간 검문소에서 검문하고 또 여권을 들여다보고 6번을 했다. 인도-파키스탄 국경 부근 암리차르의 인도경찰 중 시크교를 믿는 경찰은 복장도 모자 대신 터번을 두르고 터번에 계급장을 달고 수염을 길러도 되고, 180년 역사를 자랑하는 버킹엄 궁 근위병에게도 시크교도 복장(터번)과 수염이 허용된다.

중국은 55개 소수민족과 그들만

의 고유 언어, 그중 21개 민족은 고유 언어를 가지고 있는 다민족으로 구성
된 국가이다. 그런데 중국 국경의 공안들은 소수민족은 전혀 없고 한족(漢
族)의 경찰들로 깐깐하기 그지없다. 소지품 검사 중 휴대폰의 앱과 사진을
꼼꼼하게 살핀다.

차는 점점 고개를 넘고 또 넘어 산을 향해 달린다. 해발 3,752m 토르갓
패스(Torugart Pass) 천산(톈산)을 넘는다. '패스'(pass)는 고갯길이라는 뜻
이다. 토르갓 패스는 1881년 러시아와 중국이 만든 도로로 지금은 중국과
키르기스스탄을 연결하는 신 실크로드의 핵심도로로 1906년에 카스까지
연장되었으며, 1969년 중소 국경분쟁으로 폐쇄되었다가 1983년에 다시 열리
게 되었다.

중국 국경에서 10km쯤 달려 황량한 고원에 철문으로 구분된 키르기스스
탄 국경(Torugart Border Point)에서 키르기스스탄 버스로 옮겨 탔다. 국경
철문을 사이에 두고 양쪽으로 국제무역 화물차가 통관을 위해 언덕길에 길
게 늘어서 대기하고 있다. 출입국사무소 직원들과 국경수비대원들이 우리를
대하는 태도는 중국과는 천지 차이다. 친절하고 유순하다.

키르기스스탄은 바다가 없는 내륙국가로 세계에서 가장 바다와 멀리 떨어져 있는 나라이다. 알라토우(천산의 키르기스탄 명칭) 국경을 넘으면 풍광이 달라진다. 중국 쪽이 메마르고 광활했다면 키르기스스탄의 대평원은 유목민들의 이동식 주거지 유르트가 보이고 야생말과 양 떼, 치렁치렁 털을 늘어뜨린 야크가 풀을 뜯는 평화로운 산촌 모습이다. 텐산산맥을 따라 북동쪽으로 뻗은 산중고원의 봄 풍경은 맑고 푸른 하늘은 만년설로 뒤덮인 산봉우리와 맞닿았고, 산 밑의 초원은 고요, 평온 그 자체이다.

이렇게 280km를 달려 실크로드 유적지인 타쉬라밧(Tash Rabat: Tash 바위, Rabat 요새)에 자리하고 있는 카라반 사라이(Caravan Sarai)에 도착했다. 바로 15세기 실크로드 대상들의 휴식처였던 곳으로 돌로 지은 숙소로 외부인의 침입이 어렵도록 요새화된 성채이다. 가로 35m, 세로 43m에 성채의 두께는 2.5m이다. 아치형의 문을 들어서면 복도를 따라 양옆으로 창문이 없는 직사각형의 방이 있고, 건물 중앙에 돔형 지붕의 홀이 있어 천장 구멍으로 빛이 들어와 어두운 실내를 비춘다. 기도나 회합을 할 수 있는 커다란 홀 안에는 불을 피웠던 흔적이 있다. 천신만고 끝에 천산을 넘었던 대상들이 이곳에서 잠시나마 짐을 풀고 휴식을 취했던 장소다. 대상들 중에 말썽꾼도 있었는지 이들을 가둬 놓는 감옥도 있다. 이런 숙소를 산악과 사막을 벗어난 초원 중간마다 만들어 실크로드의 대상들이 쉬어갈 수 있게 만들어 놓았는데 이를 '카라반 사라이'라고 부른다.

이 홀과 이어진 공간을 주위로 통로가 있고 이 통로 양쪽으로 작은 방들이 이어진다. 사라이 옥상에 오르면 둥근 돔과 평원에 있는 유목민들이 거주하는 이동식 전통가옥 유르트(Yurt)가 보인다. 유목민의 천막 '유르트'는 프랑스어로 'Horde'와 뜻이 같다. 또한 우리말 '오름'과 같은 의미이다. 몽골식 천막의 높이 솟아오른 오름(호르드, 오르드와 같은 어감)이다. 알타이족인 우리 조상들과 몽고, 투르크, 퉁그스인들이 이동하며 살 때 둥근 몽골식 천막을 치고 살았다고 한다. 해 질 무렵 방목을 한 양들을 말을 탄 목동이 가축우리를 향해 몰고 간다. 이들은 겨울에는 산 아래로 내려가 추위를 피한 다음 새싹이 돋아나는 5월에 올라와 방목을 한다.

둥근 유르트(Yurt)에서 1박 할 계획이었는데 숙소 주인이 유르트 내부가 너무 춥다고 난방이 되는 게스트하우스(Sabyrbek Guest House)로 안내한다. 주인장이 야외 세면장 함석통에 따뜻한 물을 채워놓는다. 물통 아래 둥근 구슬을 위로 올려야만 물이 나오게 되어있어 고양이 세수를 했다. 세수하는 세면대 틈 사이로 키르기스스탄 하늘의 달이 보인다.

중앙아시아의 알프스(알프스의 산들은 5,000m급이고 키르기스스탄은 그보다 높은 7,000m급이니 '중앙아시아의 알프스'가 아니라 알프스가 '스위스의 키르기스스탄'이라고 불려야 하지 않을까?)로 불리는 키르기스스탄의 타쉬라밧의 깜깜한 밤하늘에 보석으로 수놓은 은하수의 물결과 찬바람을 일으키는 설산에서 흐르는 차가운 계곡 물소리와 함께 밤은 깊어간다.

5/21(21일째) ★ 세계에서 두 번째 큰 산상호수 이식쿨(Issyk-kul)

타쉬라밧에서 촐폰아타(Cholpon Ata)로 가는 길에 중간도시 나린(naryn)에서 점심으로 먹을 먹거리를 사고 환전을 했다. 나린의 지명은 '태양이 내리쬐는'이라는 뜻의 몽골어로, 해발 2,000m에 위치한 인구 6만의 도시인데 거리 곳곳에 은행이 많다. 실크로드를 여행하는 사람들과 이를 상대하는 관광종사자를 대상으로 한 환전을 주 업무로 하고 있다.

볼록볼록 소똥 위에 풀이 자랐다.

소똥을 말려 땔감으로 쌓아 놓았다.

촐폰아타는 이식쿨 호수와 가까운 도시이다.

오는 길 내내 오른쪽은 호수, 왼쪽은 톈산산맥의 만년설이 쌓인 고봉들이 병풍처럼 둘려 있다. 반사막을 가로질러 도로 양쪽으로는 황폐한 땅이다. 강수량이 직은 스텝 지역으로 나무는 없고 기가 삭은 화본과(禾本科)의 단조형 식물만 군데군데 자라고 있다. 비가 내리는 봄철에는 자랄 수 있겠지만 한 여름철 건계(乾季)에는 말라죽어 불모지로 변한다. 리비아·이스라엘처럼 수로관을 설치하여 사막을 옥토로 바꿔 푸르게 하는 농사를 지으면 좋을 텐데 인구 8백만에 국민소득은 우리나라의 10분의 1 정도의 빈국이라 그런지 아직 개발의 엄두를 내지 못하고 있다.

촐폰아타에 가까이 다가가면서 비로소 마을이 나타나고 푸르르며 활기를 띤다.

Cholpon은 금성(金星)이란 뜻이다. 유목민들이 산과 들에서 서쪽 하늘에 해지기 전부터 가장 밝게 빛나는 별이니 유목민들은 이 별을 보고 자기들을 보호하는 수호신처럼 여겼을 것이다. Ata는 존칭어로 나이가 많은 남자 어른이니 '별(마을)의 아버지'라는 뜻이다.

이식쿨(Issyk-kul)이란 키르기스어로 따뜻한 호수(Issyk은 투르크어로 따뜻한, Kul은 자연 호수)라는 뜻인데 바닷물의 5분의 1 정도 되는 염분기가 있는 염수호수로 '소금 호수'라는 뜻의 '투즈 쿨'(Tuz-Kul)이라고도 부른다. 톈산산맥과 북쪽으로 퀸케이 알라타우(Kunkey Alatau) 산맥에 둘러싸인 100여 개의 강줄기에 설산의 녹은 물이 흘러들고 호수 바닥에서 솟아오르는 온천수가 만나 한겨울에도 호수의 수온이 0℃ 이하로 내려가지 않아 얼지 않고 따뜻하여, 옛 소비에트 시절부터 관광객들이 많이 찾는 휴양지로 훌륭한 피한피서지(避寒避暑地)다. 더운 여름에는 톈산산맥의 만년설을 보며 수영을 하고 겨울에는 주변의 온천에서 온천욕을 한다.

이식쿨은 세계에서 두 번째로 큰 산상호수(alpinelake, 1위는 페루의 티티카카 호수)로 해발 1,606m의 깊이 팬 분지를 가득 메운 이 호수는 길이가 동서로는 180km, 남북으로 60km, 깊은 곳은 668m에 이르고 둘레가 600여 km이다. '눈' 모양의 가늘고 긴 형태로 면적은 6,332㎢로 제주도의 3.5배 정도 되는 거대한 호수로 내륙국가인 키르기스스탄에서 수평선을 볼 수 있는 유일한 곳이다. 키르기스스탄에는 1,900여 개의 호수가 있다.

경제 사정이 안 좋은지 리조트와 호화별장 등을 짓다 만 건축물들이 즐비하고, 이슬람 국가인데 부르카를 쓰거나 모자와 복장을 갖춘 주민들이 보이지 않는다.

파키스탄에서처럼 기도시간을 알리는 스피커도 작동하지 않고 해 질 무렵 라마단 해제를 알리는 방송도 없다. 다만 음식점에서 술을 팔지 않고 주문하면 가게에서 술을 사다가 음식점에서 마실 수 있다.

음식 가격은 한 사람당 US 7달러 정도면 훌륭한 식사를 즐길 수 있다.

5/22(22일째) ★ 비슈케크 최고의 레스토랑 프룬제

이른 아침 호숫가 초등학교 교정 화단에 짙은 자주색 라일락꽃이 피어있다. 관광철이 아니어서인지 동네 골목엔 사람이 다니지 않는다. 리조트는 철문이 닫혀있고 녹슬어있다.

유람선 선착장에 들러 유람선 출항 시간을 물으니 오후에 한 번만 운행한다는 답변이다. 바다 없는 내륙의 나라에 바다 같은 호수가 있다. 넓은 이식쿨호수 저편에 배가 지나고 있다.

점심은 촐폰아타에서 근사한 레스토랑 Pectopah[소벳스카야(Sovetskaya) 거리 은행 건너편 건물 2~3층, 1층은 슈퍼마켓]에서 했다. Been스프,

양갈비, 스프와 면을 프라이팬에 볶아 따끈하게 요리한 라그멘과 꿀을 첨가한 전통차를 시켰다. 주문할 때 말이 통하지 않아 힘들었다. 이들의 언어는 키르기스어 또는 러시아어이다.

비슈케크로 가는 길에 촐폰아타(Cholpon Ata) 3.5km 부근에 기원전 8세기에 암각화를 새긴 바위들이 있는 페트로글리프스(Open Air Museum of Petroglyps 〈Rock Art〉) 유적지에 들렀다. 키르기스 5대 암각화 유적지 중 하나로, 양날 도끼, 늑대, 산양, 개, 말, 눈표범 등 7, 000여개의 암각화 군락을 볼 수 있다. 빙하가 녹아 쏟아져 내려올 때의 암석이 굴러내려 흩어져 있는 곳에 있는 암각화들이다. 아무런 경계도 없는 노천 입구에 관광객을 태운 자동차가 도착하면 어디에서 나타났는지 관리인이 다가와 80솜의 입장료를 요구한다.

나무도 없는 모래와 자갈로 된 땅에 흩어진 돌무더기가 있고 이 돌에 여러 가지 동물과 사람 모습의 그림이 그려져 있다. 동물은 주로 아이벡스라 불리는 야생염소와 아르갈이라는 이름의 야생양과 사냥하는 사람을 바위를 파서 그려놓았다. 산양인 아이벡스(IBEX, 파키스탄을 상징하는 동물)는 키르기스스탄에서 신성한 동물로 여긴다고 한다. 작은 모양의 양에서 큰 양까지 또 오랜 세월 풍화로 희

미한 것과 선명한 그림까지 돌에 새겨있다. 흩어진 돌들 사이를 걸어 다니며 돌에 그려진 그림을 찾았다. 암각화공원이 넓어 둘러보는 시간을 단축하여야 한다면 주요 그림이 새겨진 바위 옆에 깃발을 꽂아 표시했으니 깃발 옆 바위를 선택하면 된다.

촐폰아타에서 키르기스스탄 수도 비슈케크까지 300km, 버스로 4시간 걸린다. 인구 100만의 비슈케크는(키르기스스탄은 인구 600만 명, 면적은 한반도의 0.95배) 키르기스 산맥 북쪽 해발 750~900m의 고지대에 자리 잡고 있다. 첫 느낌은 숲의 도시이다. 넓은 도로는 바둑판처럼 뻗어있고 가로수인 사과나무가 늘어서 있다. 호텔 꼭대기 층의 레스토랑 발코니에는 시내 경관을 감상할 수 있도록 쌍안경을 비치해 놓았다. 남쪽으로는 만년설에 덮인 산들이 보인다. 도시의 원래 이름은 '프룬제'로 1926년 자치주였던 키르기스가 소비에트 연방 사회주의공화국이 되면서 피슈케크 공화국의 수도가 되었고 명칭도 1885년 이곳에서 태어난 혁명가이자 적군의 지도자였던 미하일 바실리예비치 프룬제의 이름을 따서 '프룬제'로 바뀌었다. 세상에나! 한나라의 수도 이름을 적군의 두목 이름 따라 정하다니…?

수도 이름은 세 번 바뀌었다.

1926년까지는 피쉬페크(Pishpek), 1926~1992까지 프룬제(Frunze), 1991년 소련이 해체되고 1992년 키르기스스탄이 독립하면서 비슈케크(Bishkek)로 개명되었다. ~스탄 이름이 붙은 나라 중 유일하게 민주국가라 한다.

정식 명칭은 키르기스공화국(Republic of Kyrgyzstan)으로 국토의 90%가 톈산(천산)산맥과 그 지맥인 아라타우산맥 위에 이루어져 고산지대의 4분의 3 이상이 만년설과 빙하로 뒤덮인 매력적인 환경을 갖추고 있어 아시아의 스위스라는 별명을 가지고 있다고 한다. 역설적으로 산악 지대를 제외한 국토의 8% 미만 정도가 농작물 재배가 가능하기 때문에 구소련의 지원 없이는 살기 힘든 상황으로, 독립이 되어 기뻐해야 하는데 경제적으로 어려운 시기를 견뎌야 했다.

도시 숲을 거닐다 멋진 분수와 궁전처럼 화려한 외관의 건물을 발견했다. 호기심에 조심스럽게 발걸음을 옮겼다. 내부는 유럽식 식사를 할 수 있는 고급식당이다.

아직은 퇴근 전의 이른 저녁 시간이라 홀이 텅 비어있다. 식사할 수 있냐고 물었더니 자리로 안내한다. 레스토랑 안쪽에 라이브음악을 연주할 수 있는 무대가 마련되어 있고 내부 실내장식은 궁전에 와있는 느낌이다. 식탁에는 짙은 녹색의 리넨 파우치에 포크, 나이프, 스푼을 넣어 특별하고 고급스러운 느낌을 강조하고 양초를 켜놓아 분위기를 돋우고, 깔끔한 냅킨과 소품으로 세팅되어있다. 음식 맛은 어떨지 몰라도 일단 분위기가 좋다. 분위기가 좋아야 기분이 업 된다.

맛있는 음식을 기대하며 일단 수프 보르쉬를 주문했다. 실크로드를 오가던 대상들을 떠오르게 한 것일까? 수프 이름이 Merchant Borsch(250솜: kgs)이다. Greek Salad(330kgs), Scallop(관자)을 시켰는데 재료부족이라고 양해를 구한다. 바다가 먼 내륙국가라 그런지 해물은 비싸다(890kgs). Horse meet는 말고기를 삶아 부드럽게 한 다음 훈연해서 염장한 다음, 말린 고기를 구운 상태로 보르쉬에 찍어 먹는다(600kgs). 밥은 약한 불로 여러 식재료를 섞어 익힌 스튜한 쌀밥이다(Stewed white rice. 60kgs). 국수요리 라그만(Laghman)은 짬뽕스타일의 국물 라그만과 국물이 없이 약간의 액상 스프를 첨가하여 볶은 라그만 두 종류가 있다(290kgs). 채소와 양고기를 섞어 요리한 Special Koordak(530kgs), 샐러드는 치즈를 오이로 돌돌 말아 먹기가 아까울 정도로 예쁘게 내놓았다. 차는 Black Tea와 Green Tea, 레몬을 섞은 Black Tea with bergamot가 있는데 찻잔이 아닌 주전자 가득 담아 나온다(100kgs). 오랜 식사 동안 질리지 않게 마실 수 있다.

음식을 내놓는 그릇의 모양이 같은 게 하나도 없이 다르다. 이쑤시개 끝에도 향이 나는 민트가 발라져 있어 향긋하다.

옆 식탁은 무슨 축하할 일이 있는지 풍선을 띄우고 꽃다발이 등장하고 종업원들이 악기를 연주하고 축하노래를 불러준다.

식당 분위기도 좋지만 나이프, 스푼, 포크를 넣어둔 '리넨 파우치'가 너무 좋아 눈독을 들이다 서빙 하는 종업원을 불러 먼저 레스토랑 음식 맛 너무 좋다고 칭찬을 한 다음, 리넨 파우치 하나 얻을 수 있는지 물었다. 처음엔 안 된다고 거절하더니 두 번째 부탁하니 잠깐 기다려 달라 하고, 데스크에 문의한 다음 허락했다.

비슈케크 최고의 레스토랑 프룬제는 키르기스스탄 외무부 건물에서 압둘무 노바 거리(Abdumomunov. st)에 있다.

5/23(23일째) ★ 세계 10대 시장, 컨테이너 집합체 도르도이 (Dordoi Bazar)

호텔 레스토랑에서 직원이 발코니로 나가는 문을 열어주며 쌍안경을 준다. 해발 5천 미터에 달하는 만년설로 뒤덮인 톈산산맥의 고봉과 초원, 호수가 눈앞에 다가왔다. 공기가 맑아서인지 만년설이 너무 선명하다. 도시 전체가 맑은 공기의 숲에 있다.

시내 중앙에 위치한 알라투(Ala-Too) 광장의 국립박물관은 소련 시절에는 레닌 박물관이었으나 독립 후 키르기스스탄 국립박물관으로 명칭이 바뀌었고, 레닌의 동상이 있던 자리에는 국민 영웅 마나스 장군이 말을 타고 세상을 굽어보고 있다. 천 년 전에 마나스는 40여 개로 분열되어 있던 여러 부족을 통일하여 키르기스스탄의 토대를 마련한 인물로, 전설처럼 전해져 내려오는 영웅이다.

광장에 높이 휘날리는 키르기스스탄 국기는 깃발 기둥의 높이가 45m, 크기는 25×10m로 붉은 바탕에 태양처럼 큰 원 바깥으로 황금색의 광선 40개가 방사되고 있는데, 이는 40개 부족을 상징하는 것으로 햇살의 반은 시계방향, 햇살의 나머지 반은 시계 반대 방향을 향하고 있다. 노란색 태양 안에는 세 줄로 이루어진 두 세트의 선이 교차하고 있는데, 이는 중앙아시아의 대초원에서 유목민의 이동용 전통가옥인 유르트의 꼭대기에 대는 중심부품으로 '툰두크'라고 부른다. 국기의 바탕인 붉은 색은 용기를 상징한다고 한다. 그런데 키르키스스탄과 직접 관계가 없는 국외자의 입장에서 보면 단순하다. 깃발 색상을 고려하지 않는다면 유목민족들의 전통적인 이동식 천막(유르트) 맨 위 가운데 뚫린 환기구 역할을 하는 구멍의 모습과 이를 통해 보이는 태양처럼 느껴진다.

　키르기스스탄이 굶주릴 때 도와준 레닌을 지지하고 그를 영웅시하여 공산화를 이루고, 2차 대전에서 독일군을 상대로 공을 세운 미하일 프룬제가 태어난 곳에 박물관을 지어 기념물을 전시하고, 건물 안에는 생가인 초가집을 옮겨 놨다. 소련의 동지에서 벗어난 지금도 국가에서 박물관을 운영하며 소비에트 부역자를 영웅시 하는 역사의 아이러니다. 지금의 키르기스스탄은 중앙아시아의 구소련권 국가들 중에서 사실상 유일한 민주주의 국가이다. 물론 안정적으로 온전한 민주국가는 아니겠지만.

　박물관 갈 때 택시 안에 여자 손님이 있어 운행할 수 있느냐고 물으니 타라고 한다. 누구냐고 하니 아내라고 한다. 키르기스스탄 택시에는 요금을 알려주는 미터기가 없다. 내릴 때 요금으로 150솜을 달라기에 당신 마누라까지 타고 왔으니 30솜 깎자고 했더니~ 웃으면서 그렇게 하자고 했다.

   알라 투 광장에서 택시를 찾고 있는데 운전사가 자기 차를 타라고 한다. 승용차로 영업하는 택시라 해야 하나? 흥정을 했다. '부라나 타워'를 3,000솜에 다녀오는 것으로. 흥정이 끝나자 택시 위에 올려놓은 삼각택시 표지를 트렁크에 넣는다. 다른 차량과는 달리 오른쪽에 운전석이 있다. 운전사에게 껌을 줬더니 라마단 기간이라 씹을 수 없다며 껌을 받아 컵홀더에 놓는다. 이슬람인들은 라마단 기간에는 껌도 씹으면 안 되나 보다. 궁금한 것은 키르기스스탄은 신앙심이 부족한지 새벽에 기도시간을 알리는 사원의 스피커 방송도 들리지 않고, 남자들도 전통복장을 한 사람을 볼 수 없다. 운전사도 여자인데 부르카를 입지 않았다.
   '부라나에 처음 가는지 길을 잘 모른다. 몇 번 엉뚱한 길로 들어서기에 운전석 옆에 앉아 맵스미 지도를 보며 내비게이터를 했다.

   부라나 타워(Burana Tower)는 수도 비슈케크에서 약 80여km 떨어진 지역인 토크목(Tokmok) 남쪽 10km 초원에 있는 중앙아시아에서 가장 오래된 탑이다. 12~13세기 키르기스스탄의 소그드인(스키타이족)이 지은 건축

물로 원래 높이는 45m이었으나 수 세기 동안 여러 차례의 지진으로 허물어진 탑을 복원하여 25m가 남아있다(토크목은 당나라시인 이태백의 고향이다. 부친이 이태백 다섯 살 때 중국

사천으로 이주했다. 이태백은 양쯔 강에서 유랑 끝에 병사했다). 탑 주변 고대 성터에 인간 형상의 발발(Balbal)이라는 돌조각상은 귀족, 무사 성직자 등 다양한 당시 계급을 상징하는 듯하고, 암각화처럼 여러 가지 동물 모양을 돌에 새겨 놓았다(Open Air Museum of Potroglyphs).

벽돌로만 쌓아서 만들었는데 흡사 공장의 큰 굴뚝처럼 생겼다. 평원에 있어 전망대와 천문대 기능을 하고 기도시간을 알리는 미나렛 기능을 했다 한다. 가파르고 어두운 원추형의 좁은 계단을 더듬거리며 첨탑에 오르면 광활한 키르기스스탄 초원이 한눈에 들어온다. 천문관측대인 첨성대와 흡사한데 규모가 훨씬 크다. 교통이 불편하여 방문하는 사람들이 별로 없는지 입장권을 파는 부스도 닫혀있다.

　　실크로드 따라 인도, 파키스탄, 중앙아시아 38일

부라나 미나렛에서 돌아올 때 운전사가 세계 10대 큰 시장 중의 하나라는 도르도이 시장(Dordoi bazar)에 내려줬다. 시내와 떨어진 비슈케크 외곽에 위치하는데, 100헥타르(30만평)의 면적에 4만 개의 아울렛과 상인 5만5천 명이 일 년에 1월 1일 하루를 제외하고 영업하는 복합도매시장이다. 규모도 크지만 특히 물건값이 저렴하여 이웃 나라인 우즈베키스탄이나 카자흐스탄 상인들이 많이 사간다고 한다.

다닥다닥 붙여놓은 컨테이너 집합체로, 이층으로 쌓아 위층은 창고로 사용하고 아래는 매장으로 손님을 받는다. 컨테이너 한 개가 하나의 상점 역할을 한다. 시장 속은 끝도 없이 이어지는 미로이고, 시장 밖은 컨테이너로 거기가 거기처럼 보인다. 섹션으로 구분되어 싸구려 짝퉁에서 첨단 전자제품까지 팔고 있다. 오후 다섯 시가 되자 모두 컨테이너를 닫는다. 하루 장사가 끝나는 것이다.

이슬람 문화권에서는 시장을 '바자르'라고 한다. 바자르(Bazzar, 차르쉬)란 지붕이 덮인 시장을 의미하는데, 우리가 흔히 쓰는 자선을 목적으로 기금을 모으기 위한 '바자회'도 이슬람권인 페르시아의 공공시장(bazzar)에서 유래된 말이다.

먹거리에 관심이 많은 성묵이는 할랄 음식점에 들러 주문을 했지만 일반 음식점보다 비싸다. 커피도 미지근하여 맛이 별로고.

호텔로 돌아올 때 택시 기사가 한국에서 만든 자동차라며 좋아한다. 한국에서도 타보지 못한 마티즈를 처음 타본다. 오늘 벤츠에서부터 SUV, 소형차까지 타봤다.

국립오페라&발레극장에 입장하려는데 입구의 검표원이 들어가지 못하게 막는다. 이 표는 내일 것이라고 한다. 어제 매표소에서 표를 구입할 때 팸플릿의 프로그램을 지정하고 공연표를 구입한 후 당연히 맞겠지 하고 확인을 안 했던 게 잘못이었다.

환전할 때 액수를 속이는 것은 많은데 이런 경우도 있나?

매표소에서 물려달라고 실랑이했는데 안 통한다. 절대 돌려줄 수 없다고. 관리자와 통화할 수 있게 해달라고 부탁하여 다행히 영어가 통하는 사람이라 사연을 설명하여 해결했지만 판매원은 구시렁댄다.

5/24(24일째) ★ 키르기스스탄 제2 도시 오쉬

키르기스스탄 오쉬(Osh)를 가기 위해 비행장으로 이동했다.

산악도로 800km를 하루 종일 이동하는 것보다는 직선으로 400km를 비행기를 이용하는 것이 시간을 단축할 수 있다.

카자흐스탄에서 시작하여 동서로 뻗어있는 만년설이 뒤덮인 알라타우 산맥(Alatau)과 6,000m가 넘는 고봉들이 이어진 톈산산맥이 비행기 고도에서 가까이 닿을듯하다.

오쉬는 키르기스스탄의 제2 도시이자 우즈베키스탄 페르가나 지역과 불과 6km 떨어진 도시로 페르가나 분지 서쪽 해발 1,050m에 위치하는 실크로드의 고도

이며 우즈베키스탄과 중국 사이의 중계무역지이다. 부근 지역은 러시아의 점령을 거쳐 현재는 우즈베키스탄, 타지키스탄, 키르기스스탄 3개국의 영토로 분할되어있다. 인구는 약 30만 명으로 과거 우즈베키스탄 영토였으나 소련시절 스탈린의 강제 분할에 의한 결과물로 러시아인, 우즈베크인, 타지크인, 키르기스인이 혼합되어 거주한다. 거리 분위기는 우뚝 솟은 첨탑과 네모난 사원이 이슬람 풍을 더해준다. 구소련시대 강제 분할로 우즈베크인들이 약 40% 거주하는데, 이들과 타 주민들과 보이지 않는 갈등과 민족분쟁으로 인한 충돌이 벌어진다고 한다.

호텔 리셉션 데스크에 레스토랑을 추천해 달라 했더니, 담김이라는 한국 음식점을 알려준다. 입구에 '대장금' 포스터를 크게 걸어놓았다.

된장찌개, 김치찌개 등 골고루 여러 음식이 다 있다. 심지어 보신탕도 판다. 먹거리에 관심이 많은 손자는 신기한지 '보신탕'을 주문한다(이후 여러 번 놀려댔다. 너 보신탕 먹은 거 학교 친구나 집에 알린다고). 사실 거리에서 말 젖을 종이컵에 담아 파는 곳도 있었는데 손자가 사달라고 할까 봐 관심을 딴 데로 돌렸었다. 말 젖 막걸리도 있다.

올드바자르 자이마(Jay ma)를 찾았다. 어제 비슈 케크 바자르처럼 컨테이너 를 연결한 시장이다. 레닌 거리와 오쉬 거리 사이에 길게 이어져 있다. 옆으로 는 만년설이 녹아내린 아

크부라(Ak-Buura) 강이 흐르고 온갖 천연색의 농산품이 그득 하고, 축산 물 판매점에는 고기들이 주렁주렁 매달려있다. 살 만한 게 있을까 하고 둘러 봐도 보이질 않는다. 기념품을 찾고 있는데 조잡한 수공제품뿐이다. 호텔에 서 가장 키르기스스탄 느낌이 나는 물건을 사려고 하는데 어디가 좋겠느냐 고 물어 비 오는데도 불구하고 찾았는데 고급스러운 게 없고 싸구려와 현재 유행하는 상품들뿐이다.

결국 호텔 기념품점에서 나염한 실크에 산양의 양털로 섬세하고 우아한 문양을 넣은 독특한 스카프가 있어 구입했다.

일본인이 기념품점에 있어 얘기를 나눴는데 코이카처럼 자이카(Jaica)에서 파견된 직원으로 자연에서 채취한 꿀에 대한 컨설팅을 해주며 키르기스스탄 양봉 농가에 도움을 주고 있다고 한다.

꿀 종류가 20여 가지가 있는데 어떤 꿀은 한 종류의 꽃에서만 채취한 것 이고, 또 다른 꿀은 75종의 꽃에서 채취한 꿀이라는데 여러 종류의 꿀을 맛 보라고 맛이 섞이지 않고 먹을 수 있게 여러 개의 스푼을 내놓는다.

향기도 독특하거니와 꿀 표면에 하얀 거품 같은 발효된 꿀이 덮여 있어 숙

성된 진짜 꿀임을 한눈에 알 수 있다. 아주 맛이 진하다. 자이카 직원의 설명은 이곳 꿀은 해발 1,600m 이상 톈산산맥의 원시적인 환경의 야생화에서 채집한 것으로 100% 유기농 고원 꿀이라고 한다.

5/25(25일째) ★ 오쉬의 술레이만(Sulayman, 솔로몬) 투(산)

오쉬 어디에서도 보이는 동서로 다섯 개의 바위산이 도시 위로 솟아오른 모습의 술레이만 투가 있다. '투'는 키르기스어로 '산'이라는 뜻이니, 곧 술레이만의 산이란 의미다. 술레이만은 이슬람교에서 성자로 칭송되는 인물로 성경에는 솔로몬이라고 되어있다. 예언자 무하마드가 기도를 드렸던 이슬람의 성지로 많은 사람들이 기도하기 위해 찾는 곳이다. 꽃집에 사람들이 붐

벼 오늘이 맘스데이냐고 물으니 오쉬의 중학교 졸업식 날 축하 꽃을 준비한다고 한다.

술레이만 투 남쪽 기슭에 조성한 공동묘지 아래에 웅장한 이슬람 오쉬 모스크가 서 있다. 메카를 향한 정문과 사방 어느 곳에서 보아도 같은 건물구조이다. 모스크의 은회색 돔에 진푸른 색깔의 은은하고 우뚝한 4개의 기둥에 초록 돔은 하늘을 찌른다.

술레이만(Sulayman)은 솔로몬을 의미한다는데, 산 중턱에 17개의 동굴

실크로드 따라 인도, 파키스탄, 중앙아시아 38일

이 있는데 이 중 한 곳에 지어놓은 박물관에는 솔로몬이 기도했다는 동굴에 당시의 모습을 재현해 놓았다. 성경에 등장하는 유다 왕이 왕권을 행사하기에도 바빴을 텐데

중앙아시아에까지 발자취를 남겼다. 작은 동굴(Tamchy Tanar Cave)의 천장에 매달린 물방울을 아픈 곳에 바르면 낫는다는 전설과 동굴을 방문하여 소원을 빌면 자손을 얻는다는 말이 전해온다고 한다. 솔로몬왕의 신통력이 불치병을 낫게 한다고 믿는 것이다.

솔로몬산 아래 무굴제국의 황제였던 바부르가 세운 모스크가 있다. 무굴이란 인도어로 몽골이 아니라 페르시아말로 몽골이다. 티무르의 5대손인 바부르는 고향인 페르가나왕국을 물려받아 국력을 키워 1504년 아프가니스탄을 정복하고 델리에서 아그라로 진격하여 무굴제국의 토대를 마련한 왕으로, 고향인 페르가나와 오쉬를 잊지 않았다고 한다.

세계문화유산에 등재된 산은 다섯 개의 봉우리로 이어지는데 박물관 옆길을 따라 제일 큰 봉우리의 꼭대기까지 오르면 Baburs House가 있는데, 붉은 키르기스스탄 깃발이 펄럭이고 무굴제국 자이루딘 바브르가 지었다는 동굴 안 기도실에서 이슬람교도 또는 관람객에게 찬송과 기도를 해준다.

정상을 오르는 길옆에 치유의 미끄럼 바위가 있는데 아이들이 연달아 타며 즐거워하고 있다.

반대편 동쪽 급경사 계단으로 내려오면 오쉬 Art Museum이 있는데 현대 화가들이 그린 시장 그림과 키르기스스탄 오쉬를 위해 투쟁한 사람들을 묘사한 작품과 판화를 찍어 이어 만든 큰 작품을 벽에 걸어 놓았다.

박물관 오른쪽으로 모스크가 있고 마침 정오의 기도시간에 맞춰 주민과 학생들이 모여든다.

매일 새로운 먹거리를 좋아하는 성묵이를 위해 찾은 식당(Tsarskii Dvor)에서 구운 메추라기 요리를 맛보았다. 성경 탈출! 이집트에 나오는 메추라기다. 중국과 베트남에선 맛볼 수 있는데, 한국에서는 음식점에서 파는 곳을 보지 못했다. 황금색으로 바싹하게 구워져 나오는데 날개와 다리 껍질은 닭보다 질기고, 가슴살은 퍽퍽하지 않고 쫄깃하여 기름기 없는 참새 맛 느낌이다. 식당에서 차를 시키면 찻잔에 나오는 게 아니라 주전자에 가득 담아 나온다. 느끼한 음식을 먹을 때 천천히 즐기면서 마시면 좋다.

제5장

우즈베키스탄

5/26(26일째) ★ 서역(西域)이 시작되는 페르가나

오늘은 오쉬에서 키르기스스탄 국경을 넘어 우즈베키스탄 페르가나(Ferghana)로 이동한다.

중심가에서 차로 10분 거리인 국경은 출국세도 없고 우즈베키스탄 입국도 무비자로 간단한 검사만 마치면 된다. 외국인 전용 출입국 통로가 마련되어 있어 길게 줄 선 내국인들에 앞서 수속을 마쳤다. 우즈베키스탄 내 몇 개 구간에서는 대형차량이 법적으로 금지되어 있어 소형차만 운행할 수 있다. 택시를 타고 약 한 시간 반 정도이면 북쪽으로 톈산산맥과 남쪽으로 알라이(Alai) 산지로 둘러싸인 분지에 자리한 페르가나에 닿는다. 분지라지만 면적이 가로 300km, 세로 170km로 대평원이다.

페르가나는 흔히 천리마의 고향이라 불린다. 이 말은 야생 수말과 집에서 기르는 암말의 잡종인데 중국 최초로 서역 통로를 개척한 한나라 때의 외교가이자 탐험가, 여행가인 장건(張騫)이 이 말을 보고 무제(武帝)에게 페르가나에 놀라운 말이 있다고 보고했다. 이 말을 들여오면 서역의 나라들과 무역을 방해하는 북방의 흉노를 물리치는 데 도움이 되는 것은 물론 군대를 강하게 할 수 있어 한나라의 국토를 넓힐 기회라고 보고했다.

한(漢)나라 시절에는 대완국(大宛國)이라 불리었던 페르가나는 피와 같은 붉은 땀을 흘리면서도 쉬지 않고 하루에 천 리를 달렸다는 한혈마(汗血馬)의 산지이다. 그래서일까, 페르가나는 발한나(拔汗那)로도 불렸던 명마의 산지이자 실크로드의 요충지이며, 중국 사료(史料)에서 서역이라 했을 때 그 서역(西域)이 시작되는 곳이다.

페르가나 전통시장은 현대화한 시장으로 엄청 크게 지어졌다. 전통 물건에서부터 화장품, 전자제품까지 팔고 있다. 농수산물 시장은 가락동 농수산시장보다 더 크고 깨끗하다. 부근이 비옥한 지역으로 채소와 과일, 빵, 식자재 물가가 가장 싼 곳이 페르가나라 한다. 만년설의 녹은 물로 물 사정이 좋은지 호텔에도 수영장이 있고 시내와 공원에도 분수가 물을 뿜고 있다. 여태 중앙아시아의 다른 나라와 비교하면 소비에트연방 시절 지어진 5층의 아파트촌과 상가의 상태가 깨끗하다.

주민들도 여유롭게 보이고 친절하다. 식당을 찾을 때 길을 물으니 유모차를 끌던 아기 엄마가 한참을 동행해 알려주고 돌아간다. 양고기만 먹어 질렸는데 장어요리와 쇠고기 구이도 있고 된장국도 있다.

5/27(27일째) ★ 125개 다민족의 우즈베키스탄

페르가나 버스는 다른 지역을 운행할 수 없다고 하여 소형 승용차를 이용했다. 차량 내부 또는 외부에 택시표시가 없고 미터기가 없으니 영업용 차량인지 자가용인지 구분할 수 없다. 호텔에서 불러준 차량이다.

타슈켄트 가는 길은 산길의 연속이다. 꼭대기에는 눈이 쌓여있다. 길가와 논두렁에는 고목이 된 뽕나무가 서 있다. 누에는 키우지 않는지 뭉텅뭉텅 가지치기를 당한 모습이 안쓰럽다. 도로 옆에는 가로수 대신 포도나무가 심겨있다.

주유소보다 대부분이 가스충전소이다. 가스충전소 입구에서 승객들을 내리게 하고, 출구 쪽에서 기다리라고 한 다음 운전사가 가스를 충전하고 다시 승객들을 태운다. 가스충전소의 간판에 부탄가스 또는 메탄가스라고 쓰여 있다. 소형택시인 경우 트렁크의 반을 가스통이 차지하고 있어 짐을 많이 넣을 수 없어 매번 좌석에 놓거나 안고 타야 하는 수고가 필요하다. 충전하는 동안 내린 승객들은 매점에서 차를 마시거나 먹거리를 사서 먹으며 다른 차량에서 내린 승객들과 얘기를 나눈다.

우즈베키스탄은 세계에서 손꼽히는 천연가스 매장량(1.1조㎥, 2016년 6월 기준)으로 가채연수(확인매장량/생산량)가 60년으로 석유보다 20년이나 길어 화석연료 고갈에 대비한 중요한 에너지 자원 보유국이다.

기존의 채굴한 가스를 수송을 목적으로 냉각·액화하는 액화공정(LNG)과는 다르게, 채굴한 천연가스를 단순 정제하는 데 그치지 않고, 화학반응을 통해 고부가가치의 액상석유제품(등유·경유·나프타)과 LPG, 나프타(Naphtha)를 포함한 다양한 석유제품을 얻을 수 있는 GTL(Gas To Liquied) 공정을 적용한 플랜트 공사가 한창이라고 한다. GTL 공정을 거쳐 만들어진 연료는 중금속과 같은 대기오염 유발물질 함량이 매우 낮고 총 이산화탄소 배출량도 석탄의 절반, 석유의 70% 수준이어서, 미세먼지와 기후변화 등 기존 에너지산업의 문제점을 보완하는 청정에너지로의 전망이 높다고 한다.

우즈베크라는 이름은 14세기의 카스피해 북안을 지배했던 '칸 우즈베크'라는 인물에서 유래했는데 단일민족이 아니라 125개의 민족으로 구성되어 있다.

기원전 6세기에는 페르시아 제국의 영토였으나, 알렉산더 대왕에 의해 정복을 당하고, 13세기에 칭기즈칸의 손자인 시바칸이 이끄는 몽골족에 침략을 당하고 이후 티무르제국의 영토가 되었다가 이후 여러 민족의 점령기를 거치면서 19세기 무렵에는 더 이상 정치적·민족적 결합체를 이루지 못하는 상태가 되었으며, 이들의 영토는 히바 칸국·코칸트 칸국·부하라의 지배하에 있었다. 이후 이들 세력은 초라할 정도로 줄어들다가 결국 러시아 제국의 보호국이 되어 소련에 공식적으로 병합되었다.

우즈베키스탄 국토 면적은 44만4,474㎢로 한반도 면적보다 두 배쯤 크고, 인구는 3,240만 명, 종교는 이슬람교가 88%이고 이중 수니파가 70%이다. 나머지는 동방정교가 10%쯤 차지한다.

페르가나에서 수도인 타슈켄트까지 4시간이 걸렸다.

타슈켄트는 우즈베키스탄 동쪽 끝에 있는 곳으로, 튀르크어로 '돌의 도시'라는 의미가 있으며 고구려 유민 출신으로 당나라 장수였던 고선지 장군이 점령했던 석국(石國)이 바로 타슈켄트다. 중앙아시아 최대의 공업도시이자 오아시스라고 불리는 곳이다.

인구 250만 명인 수도 타슈켄트 시내 곳곳에는 14세기 티무르제국을 건설하며 찬란한 번영을 꽃피웠던 아무르 티무르의 흔적이 남아있는 공원 속의 도시인데 가로수가 호두나무이다.

2,200년 된 고도인데 러시아혁명으로 1924년 우즈베크 소비에트 사회주의공화국이 설립되면서 잠시 사마르칸트가 수도였다가, 1930년부터 다시 수도가 되었다. 소비에트 시절에 고려인의 아픈 역사를 간직하고 있는 곳이기도 하다. 1930년대 말 스탈린의 강제이주정책에 따라 연해주에서 어쩔 수 없이 이곳 타슈켄트로 강제 이주했다. 소련 시절에 계획도시로 설계하여 도로가 넓고 나무가 많은 도시로 지상에서는 전차가 다니고, 지하철이 놓여 있다.

5/28(28일째) ★ 실크로드 교역의 중심지 사마르칸트의 레기스탄 광장

타슈켄트에서 307km, 자동차로 4시간 거리에 있는 실크로드의 중심지였던 사마르칸트는 중앙아시아의 로마, 황금도시라 불리며 동서 문화의 교차로이자 용광로 역할을 했다.

사마르칸트는 2,760년의 역사를 가진 중앙아시아 최고의 실크로드 도시이다. 도시의 주요 건물들인 모스크와 마드라사가 대부분 유약을 발라 구워낸 푸른색 벽돌로 장식돼있어 푸른 도시라 불린다. 티무르제국은 중앙아시아를 통일하고 사마르칸트에 수도를 건설하여 영토를 넓혀갔다.

사마르칸트라는 이름은 페르시아어 Asmara(바위)와 소그리드어 Gand(도시)에서 유래했으며, 바위 요새 또는 바위 도시라는 의미로, 인구 44만 명으로 우즈베키스탄 제2 도시이다.

도시 곳곳에 뽕나무 고목이 많아 열린 오디를 땄다. 손도 입술도 입안도 진보라색이 되었다.

호텔에 지도를 부탁했는데, 인쇄된 것이 아닌 A4용지에 복사한 호텔 위주의 지도를 준다. 이 한 장의 지도에 의존하여 사마르칸트를 정복해야 한다. 지도만으로는 이해가 안 될 것 같아 유적지를 해설한 책을 구입했다.

사마르칸트는 10km의 거리 내에 대부분의 유적지가 위치하고 있다.

분위기 있는 근사한 레스토랑(오아시스)에 들렀는데 태극기를 거꾸로 게시해 놨다. 미식가인 손자는 호기심이 발동하여 양 헷바닥 요리를 주문한다. 불바르 길 주변에 사마르칸트 국립대학교와 외국어대학교가 있어 젊은이들로 활기가 있다.

레기스탄 광장은 사방에 동, 서, 북쪽 광장을 중심으로 ㄷ자형의 이슬람 건축물을 건설한 사마르칸트의 상징이다. 광장 북쪽으로 흐르는 운하 주변에 본래 모래가 많았다고 한다. 그래서 붙여진 이름이 모래땅이다. 타직어로 '레기'는 모래, '스탄'은 땅을 뜻한다.

이 광장으로 중앙아시아 실크로드의 모든 상품이 몰려들었고 교역의 중심지가 됐다. 광장 안에는 이슬람의 학교인 마드라사 3개가 있다. 광장 왼쪽에는 울르그벡 마드라사, 오른쪽에는 셰르도르 마드라사, 가운데에는 틸랴카리 마드라사가 있다.

세 마드라사 사이의 광장은 큰 직사각형의 수영장이 세워져 틸랴칼리 마드라사의 정면을 따라 흐르는 운하에서 물을 공급하도록 지어졌다는데, 광장으로 조성하여 왕의 공식행사인 알현식과 공공집회가 열리는 장소가 되었다고 한다.

모래땅 한가운데에 사원인 마스지드(masjid)와 이슬람 신학교인 마드라사를 건설했다. 신학교는 수백 명의 학생이 전원 기숙사 생활을 하는데 사각형 형태의 내부에 정사각형 모양의 안뜰이 있다. 그 안에는 모스크와 강의실이 있고 기숙사가 주변을 둘러 배치된 형태인데 일반인의 출입이 금지되고 있어 격자형의 벽돌 틈새로 구경만 하였다.

레기스탄 광장 왼쪽으로 울르그벡 마드라사, 오른쪽으로
세르도르 마드라사, 가운데는 틸랴카리 마드라사

레기스탄의 마드라사 가운데 가장 먼저 건립된 광장 서쪽의 울르그벡(Ulu gbek) 마드라사(1417-1420)는 티무르의 손자 울르그벡에 의해 지어졌는데, 33m 높이의 미나렛 정상부는 벌집 모양의 무콰르나 장식으로 정문 양쪽 끝에 세워져 있다. 거대한 아치 정문인 피쉬탁 문을 지나, 네 개의 둥근 아치 모양의 아이완스 기둥과 50개의 2층 건물에는 학승들의 공부방인 후즈라에 둘러싸인 사각형의 중정이 나온다. 돔 아래는 강의실인 다르스호나가 위치한다.

마드라사에서는 신학 외에 천문학, 수학, 철학, 과학 등 다양한 교육을 했다고 한다. 지금의 대학교육 기관이 15세기경에 세워졌던 것이다.

울르그벡 마드라사가 건립된 지 약 200년 후 코쉬(Kosh) 왕자에 의해 그 맞은편에 작은 규모로 세워진 것이 세르도르 마드라사(Sher-Dor Madrasa h, 1619-1636)이다. '셰르 도르'(Sher-Dor)는 '호랑이가 있다'라는 뜻이다.

셰르도르 마드라사 이완 위쪽에 두 개의 태양과 갈기를 가진 호랑이가 사슴을 쫓고 있다.

울르그벡 마드라사를 모방하여 2층의 창을 가진 건물로 건축하였는데 입구인 이완(Iwan) 상부에는 의인화한 두 개의 태양과 사자의 갈기를 가진 두 마리의 호랑이가 사슴을 쫓는 조각이 새겨져 있고, 내부에는 긴 회랑과 함께 기숙사 방들로 둘러싸인 정원이 있다.

울르그벡 마드라사 미나렛 꼭대기, 벌집 모양의 무콰르나 장식이다.

광장 북쪽에 가장 늦게 건축한 틸랴카리(Tillya-Kari) 마드라사는 교육기관을 겸해 이슬람 사원 역할을 하는 마스지드 역할도 수행하도록 했다.

틸랴카리 마드라사의 돔 천장은 금도금 장식을 하여 화려함과 위엄을 나타낸다. 틸랴카리란 말 자체가 '금박으로 된'이란 뜻이다. 황금으로 된 원뿔형 천장은 기하학적 도상과 식물의 줄기와 잎을 그린 모습이다. 벽에는 화려한 아라베스크 문양과 글씨가 적혀있다. 아래 기도실 미흐라브(mihrab)에서 이슬람인들이 하늘에 계신 알라에게 정성스럽게 기도를 하고 있다.

  벽에 움푹 들어간 미흐라브는 예배 방향인 메카 쪽으로 '카팁'이라고 불리는 설교자의 목소리가 뒤편에 있는 예배자들에게도 선명하게 전달될 수 있도록 음향 반사면의 역할도 한다.
  이슬람 사원은 주로 대칭적으로 건물을 지었는데 틸랴카리 마드라사는 왼쪽에만 코발트블루 돔 형태의 타워를 세웠다.

  수백 년 전 상인들이 동·서의 문물을 교역하던 마드라사 안뜰의 건물에 수공예품을 판매하는 상점들이 줄지어있다. 유네스코 세계문화유산 내부에서 장사하는 것도 그렇고, 14세기에 지어진 거대하고 화려한 모스크도 놀라울 뿐이다. 유적지 입구 안내판에 건축연도와 역사 등을 안내하였으면 좋으련만 아무런 표식도 없고 입장권 구입할 때 브로슈어나 팸플릿도 주지 않는다. 스스로 공부하고 알아서 봐야 한다. 날씨는 덥고 지친다.

'금박으로 된'이라는 뜻의
틸랴카리 마드라사 기도실(mihrab)

레기스탄에서 남서쪽으로 1.5km 떨어진 장소에 위대한 정복자 구르 아미르(Gur-Amir)의 묘가 있다. 구르(Gur)는 무덤, 아미르(Amir)는 지배자 또는 왕을 의미한다. 지배자의 무덤이란 뜻이다.

역사적으로 흔히 아미르 티무르(Amir Timur)로 알려졌으며 중앙아시아를 세계의 중심에 둔 티무르 제국(1370-1507)을 이뤘다.

모스크바와 인더스 강을 넘어 인도 델리를 점령하고 당시 세계 최강이었던 오스만 제국을 격퇴하고 술탄 바예지드(Bayezid) 1세를 생포했다. 구르 아미르는 60세가 넘어 1405년 2월 동방의 명나라 정벌을 떠났다가 오트라르(Otrar)에서 갑자기 병사했다. 티무르는 신실한 수니파 무슬림으로 종교에 순응하였으며, 학문에 정진한 현명한 군주였다. 그가 영락제 시대의 명나라를 정복했더라면 조선의 운명도 달라지지 않았을까?

137년 동안의 짧은 존속기간이었지만 티무르제국은 중앙아시아를 통일한 대제국의 위용과 함께 동서 실크로드 발전에 크게 기여했다.

티무르왕가의 무덤 구르 아미르 정문

티무르왕가의 무덤은 정문 양쪽에 푸른빛의 돔 두 개가 있다. 정문의 짙은 청색 타일로 꾸며진 이완으로 불리는 아치형 문을 들어서면 마호메트의 선종 나이인 63세를 기리기 위하여 63줄의 주름으로 된 푸른 돔 형태의 큐폴라(Cupola)와 건물 전면 벽에 코란 문구가 새겨져 있다. 이 건물 내부는 금을 입힌 화려한 천장과 벽에 푸른색의 타일을 섞어 숙연하고 기품이 어린 고귀한 분위기를 자아낸다.

구르 에미르 푸른 돔의 큐폴라 63개의 세로줄은 선종한 마호메트 나이 63세를 기리기 위한 것이라고 한다.

돔 아래에 티무르왕가 묘를 포함한 8개의 안치된 대리석 관이 있다. 돔 아래 가운데에 티무르의 검은 옥관이 자리하고 있고 그 발치와 주변으로 그의 아들과 자손들의 석관이 놓여 있다. 그러나 지상의 관들은 비어있고, 진짜 관들은 4m 지하에 위와 똑같은 형태로 안치되어 있다고 하는데 일반인이 참관할 수는 없다. 인도 아그라의 타지마할도 이런 형태다. 타지마할을 만든 샤 자한은 인도 최대의 무슬림 제국이었던 무굴왕조의 5대 술탄이었는데, 바로 이 무굴왕조가 티무르의 후손 페르가나 바브르가 세운 왕국으로 선대의 묘당 방식을 그대로 행한 것이다. 지상의 관을 열어보지 않은 이유는 관에 "내가 이 무덤에서 나올 때, 큰 재앙이 일어날 것이다"라는 문구가 새겨있어 두려움에 누구도 관을 열지 않았다고 한다.

구르 아미르 묘당 내부, 가운데 흑옥색 연옥의 구르 아미르 묘, 북쪽으로 티무르 스승 사이드 베르케, 남쪽에 손자 울르그벡

이 무덤들의 실체가 밝혀진 것은 500여 년이 지난 1941년 6월 구소련의 고고학자들에 의해서였다고 한다. 지하 관을 열어보니 검은 옥관에 안치된 시신은 다리가 불구였고, 다른 관의 주검은 목이 없는 주검이었다고 한다.

기록에 따르면 티무르는 이란과의 시스탄 전투에서 오른 다리에 부상을 입어 절름발이였다고 한다. 그래서 불리는 이름이 바로 '절름발이'란 뜻의 '티무르'이다. 이로써 오른 다리가 불구인 주검은 티무르인 것으로 확인되고, 티무르 무덤 아래의 잘린 목의 사람은 후계자로 총애한 손자 울르그벡(1375)의 시신이라는 것이 밝혀졌다.

서구에서는 티무르를 태멀레인(Tamerlane, 절름발이 티무르)이라면서 무자비한 살육자 또는 문명의 파괴자라 불렀다고 한다. 그는 자기가 살육한 정복지 사람들의 해골을 두 쪽으로 쪼개 피라미드처럼 쌓아 놓았기 때문이다.

이 영묘(靈廟)는 티무르가 1403년 페르시아와의 전쟁에서 요절한 손자 울르그벡을 위해 짓기 시작했는데, 손자가 죽은 2년 후, 명나라 정벌을 준비하던 중 그도 죽게 되면서, 고향 샤흐리샤브즈에 묻히길 원했던 아미르 티무르의 유해는 그의 아들 샤 르후에 의해 사랑하는 손자 곁에 묻히게 되었다고 한다.

왕가의 묘지에 왕가가 아닌 주검이 묻혀있는데, 티무르 관 위쪽에 미색의 대리석으로 된 티무르 관보다 훨씬 크게 조성된 관이 있는데 이 주인공은 대제의 스승이자 성자인 사이드 베르케(Seyid Berke)로 항상 존경하고 가르침을 받았다고 한다. 학문과 예술을 좋아했던 티무르는 그의 묘가 스승의 것보다 더 크지 않도록 유언을 했다 한다.

도시를 정복할 때마다 그 도시를 철저히 유린하여 파괴하고, 사람들을 남김없이 죽여 버린 도살자가 스승은 죽어서까지 깍듯하게 모셔 스승의 발치에 작은 크기로 안치되어 있다.

티무르는 자신이 점령한 땅을 초토화시키면서도 기술자는 절대 죽이지 않았다고 한다. 대제국을 건설하는 데 꼭 필요한 예술가와 장인들을 동원하여 곳곳에 예술적인 건축물을 지으려 했던 탓이다. 티무르제국은 정치적으로는 칭기즈칸의 후예를 자처하고 몽골 재건을 표방했다. 종족적으로는 튀르크인, 문화적으로는 페르시아, 중국을 흡수하고, 종교적으로는 이슬람을 표방한 진정한 다문화 공존국가였다.

그들이 건축한 지름 15m, 높이 12.5m의 구르아미르(Gur Amir)는 250년이 지난 뒤 티무르의 후손이 건국한 무굴제국 때 인도 델리의 후마윤 묘(Hu mayun's Tomb)와 아그라의 타지마할(Taj Mahal)의 모델이 되었다. 오래되어 폐허에 가까웠던 유적지가 1941년 소련의 고고학위원회에서 발굴하여 세상에 모습을 드러내어 1967년에 복원되었다고 한다.

비비하눔 모스크(Bibi Khanum Mosque)는 레기스탄 광장에서 북동쪽으로 800m쯤 타슈겐트 도로(Tashkent str) 왼쪽으로 아프라시압 역사박물관 가는 길가에 있다. 1398년 인도 원정에서 돌아온 티무르의 개선 기념으로 지어졌다. 가로 167m, 세로 109m의 사각형 회랑에, 내부는 푸른 타일의 모자이크와 황금색의 프레스코 등으로 장식되어 있다. 입구 맞은편에 비비하눔의 묘가 있는 35m의 푸른 돔으로 정면 모퉁이의 미나레트 높이 50m의 모스크가 지어져 있다.

비비하눔(Bibi-Khanum)이란 티무르 대제가 사랑한 중국인 왕비로 당시 처녀가 아닌 지방 영주였던 미르 후세인과 이미 결혼한 유부녀였다고 한다. 전장의 동지였던 후세인은 그의 여동생을 티무르에게 시집보냈으나 갑자기 요절하고, 서로의 세력을 키우다 둘은 부딪히고 결국 티무르는 후세인을 죽이고 만다. 티무르는 처남댁이었던 비비하눔을 왕비로 삼는다. 티무르가 사랑하는 만큼 비비하눔도 그를 사랑하고, 그녀는 인도로 원정을 떠난 남편 티무르가 귀국했을 때 깜짝 놀라도록 사원을 짓기 시작했다고 한다.

티무르가 전장에서 돌아오기 전까지 완공하기에는 시간이 부족하여 매일 건축 현장에서 작업을 독려하며 감독을 하던 중, 비비하눔 왕비의 눈부신 미모를 흠모하던 건축가가 자신의 사랑을 고백하며, 왕비에게 자신에게 입맞춤을 해준다면 대제가 돌아오기 전에 완공시켜 주겠다고 했다 한다. 망설

이던 왕비는 시종을 시켜 서로 다른 색이 칠해진 달걀을 가져오게 하여 건축가에게 보여주며, "이 달걀들은 겉모습은 다르지만 속은 같은 달걀 아니냐? 무릇 여자인 나 또한 여느 여자와 같은 것이니 나 말고, 네가 원하는 어떤 여인의 시종도 주겠노라"고 했다. 이에 건축가는 두 개의 와인잔을 가져와 한 잔에는 물을 채우고 다른 잔에는 백포도주를 따른 다음 "둘 다 같아 보일지는 몰라도 한쪽을 마셨을 때는 아무 느낌이 없을 것이며 다른 한쪽의 잔을 마셨을 때는 날 뜨겁게 만들 것이옵니다"라며 자신이 왕비한테 한 요청을 꺾지 않았다고 한다.

어찌할 수 없이 비비하눔은 빠른 완공을 위해 건축가의 뜨거운 입맞춤을 허락하였는데, 운명의 키스는 그만 흠모했던 왕비의 볼에 키스 자국으로 반점을 남기게 되었다. 인도에서 돌아온 티무르는 자기를 위해 지어진 모스크를 보고 기뻤지만 왕비의 볼에 남아있는 입맞춤 자국인 반점을 단서로 키스의 내막을 알아냈다. 화가 난 그는 건축가를 미나렛 꼭대기에서 던져 죽음에 처하고 왕비에게는 평생 입맞춤 자국이 보이지 않게 차도르를 쓰도록 하고, 아름다운 여자 때문에 남자들이 유혹에 빠질 수 없도록 제국 내 여자들에게 베일을 쓰도록 명령했다. 그럴듯한 이야기지만 그저 아름다운 건축물에 스토리텔링을 하여 '하늘 아래 좋아했던 단 하나뿐인 그대'에 대한 구전으로 전하는 '키스의 전설'이 아닐까?

레기스탄 가는 길목 우측으로 루하바드 마우솔레움(Rukhabad Mausoleum)은 14세기 건축물로 1층은 정육면체에 사방으로 작은 출입구가 나 있고 8면 구조의 건물에 돔을 얹은 형태이다. 호화로운 다른 묘들과 달리 내부에 아무 장식이 없으며, 벽돌로 만든 묘이다. 중국 원나라 시대의 이슬람 지도

자였던 Sheikh Burkhan의 무덤으로 티무르의 영적 스승이었다.

티무르의 스승 '루하바드 마우솔레움' 무덤은 14세기 건축물로 정육면체 사방으로
작은 출입구가 나 있고 그 위로 8면 구조의 건물에 작은 돔을 얹은 형태이다.

5/29(29일째) ★ 아름답고 의미가 있는 죽음의 공간 샤이진다 (Shah-i-Zinda)

비비하눔 모스크 건너편의 샤이진다(Shah-i-Zinda)는 묘지 건물이다. 천국의 계단이라는 통로를 올라가 아치형 문을 통과하여 계단을 오르면 4m 남짓 되는 골목을 마주하여 양쪽으로 43개의 이슬람 영묘군(靈廟群)이 촘촘하게 조성되어 있다.

계단을 통해 올라오면서 그 수를 헤아려 기억하고, 무덤을 참배하고 나갈 때 헤아린 숫자와 동일하다면 죽어서도 천국에 간다고 한다. 아마 묘의 숫자에 맞춰 계단을 조성한 것이 아닌가 여겨진다.

건물 외벽은 작은 타일로 여러 가지 기하학적인 아라베스크 문양을 정교하게 장식한 건축물이다. 아라베스크 문양은 티무르제국 시대에 크게 발달하였는데 각양각색의 원색 타일로 나무와 꽃을 아름다운 아랍어 서체와 조화시켜 기하학적인 문양으로 장식한 것을 말한다.

샤이진다는 사마르칸트에서 가장 아름답고 의미가 있는 죽음의 공간이다. 왕족과 이슬람교의 지도자, 귀족들이 묻혀있는 무덤이기 때문이다.

샤이진다는 페르시아어로 '살아있는 왕'을 의미한다. 그렇기에 죽음의 공간인데도 불구하고 화려하게 치장하여, 한때의 지배자들이 잠들어있는 유택으로 기리고 있다. 묘 내부에서는 이슬람인들이 기도를 하고 무덤 위에 돈을 놓고 가기도 한다.

티무르의 여동생 Shodi Mulk Oko Mausoleum의 묘는 입구의 아치부터 화려하다. 영묘군 막다른 골목에서 오른쪽으로 끝에 선지자 무하마드 사촌인 쿠삼 이븐 압바스(Kussam ibn Abbas)의 묘가 있다. 그는 7세기경 당시 소그드인들이 지배하던 나라에 이슬람을 포교하기 위해 다니다가 이에 반감을 품은 조로아스터 교도들의 공격을 받아 참수를 당했다고 한다. 그러나 압바스는 잘린 자신의 머리를 들고 이곳의 깊은 우물로 들어가 사라졌다고 한다. 무슬림들은 압바스는 죽지 않고 영생을 얻었으며, 이슬람이 어려울 때 그들을 구원하기 위해 나타날 것이라고 굳게 믿고 있다고 한다.

전설 같은 이야기 때문인지 이슬람 신자들의 순례행진이 줄을 잇는다. 쿠삼 이븐 압바스의 묘를 세 번 참배하면 메카를 순례한 것과 같다고 여겨 무슬림들의 끊임없는 참배가 이어진다. 구입한 서적에 의하면, 카라핸즈(Kara hands) 시대에 아프라시압(Afrasiab)의 남동부에 쿠삼 이븐 압바스 숭배 묘가 조성된 후 사마르칸트의 성지가 되어 1360년~1370년 사이에 샤이진다가 형성되었다.

샤이진다의 정교한 아름다움은 죽음을 부정하고 영원한 삶을 소망하는 의미를 담았다고 한다.

석관에 새겨진 코란경의 한 구절 "신과 믿음을 위해 일하다 죽임을 당한 사람은 결코 죽었다고 생각지 말라. 그대는 순교자이므로"라는 말이 다시금 생각난다. 무덤의 주인들은 죽었지만 살아있는 성자들인 것이다.

울르그벡 천문대(Ulugbak Observatory)는 사마르칸트 시내에서 북동쪽으로 9km쯤에 위치하여 유적지 중에서 먼 거리다.

미르조 울르그벡(Mirzo Ulugbak 1394-1449)은 티무르의 아들인 샤 르후의 첫째 아들로 태어나 학문을 장려하고 예술과 건축의 르네상스 시대를 열었다. 사마르칸트를 문화도시로 발전시킨 인물로 천문학, 신학, 수학, 역사 등에 조예가 깊은 학자적 군주였다고 한다.

결국 과학과 종교가 충돌하여, 보수적인 이슬람 지도자들은 이에 대해 반발하고, 종교지도자들은 그의 아들을 부추겨 반란을 일으키게 하여, 아들이 보낸 자객에게 목이 잘리게 된다. 종교가 과학에 우선한 것이다. 울르그벡이 살해당하자 그가 건설했던 천문대는 종교지도자들에 의해 파괴된다. 사마르칸트가 누렸던 영광의 시간은 이렇게 끝나고, 쇠퇴한 사마르칸트는 그 주도권을 차츰 부하라에 넘긴다. 울르그벡 천문대는 우연히 한 어린이가 공을 가지고 놀다 이곳으로 굴러간 공을 찾으러 갔다가 천문대 터를 발견하게 되었다고 한다.

낮은 언덕의 계단에 올라서면 오른쪽으로 천문대 입구 정문이 보인다. 1429년에 건축된 천문관측소로 높이 40여 미터의 건물에 아래에서부터 위쪽까지 미끄럼틀 비슷한 곡선의 트랙을 설치하여 행성 궤도를 추적하고 창문으로 들어오는 빛의 모습을 관측하였다고 한다. 그가 완성한 천문대는 뛰어난 기술과 천문학의 집적으로 당시 1,018개의 별자리 움직임을 관측하여 기록했다고 한다. 정교한 관측기로 계산한 1년의 길이를 365일 6시간 10분 9초로 계산하였다니 현재의 1년과 비교했을 때 오차범위가 1분 이내이다. 이런 천문기술이 인도와 중국을 거쳐 조선의 천문관측기 발명에 영향을 주지 않았을까? 박물관에 전시한 관측기 중에 우리 화폐 만 원권 뒷면에 그려진 천체의 운행과 위치를 관측했던 혼천의(渾天儀)를 닮은 것도 있다.

곡선 트랙을 설치하여 행성궤도를 추적하고 빛의 모양을 관측했다.

샤이진다 묘지 군의 위쪽 길을 따라 올라가면 아프라시압 언덕에서 출토된 유적들을 전시해놓은 아프라시압 박물관이다.

칭기스칸에 의해 철저하게 도륙당한 장소에 세워진 아프라시압 박물관

마케도니아의 알렉산더 대왕에게 점령당하고 1220년 칭기즈칸에 의해 철저하게 약탈당했던 곳에 세워진 박물관이다. 박물관 정문 오른쪽에 낙타를 탄 대상(caravan)의 조각상이 있고 정문 안쪽으로 왼편에 한글로 쓴 비석이 세워져 있다. 한국의 지방자치단체에서 세운 실크로드 우호협력 기념비이다.

사마르칸트 외곽에 위치한 이 언덕에 중앙아시아의 기마민족인 스키타이족(Scythian)으로 불렸던 유목민인 소그드(Sogd)인이 정착하여 탄생한 '마라칸다'라는 도시인데, 칭기즈칸의 몽골군이 정벌하여 도시 전체를 파괴했다고 한다. 그 후 1세기가 지나고 아무르 티무르가 이곳 남쪽 아래 지역을 제국의 수도로 삼아 현재 복원된 사마르칸트의 모습을 갖추게 되었다.

오른쪽 끝 두 명, 조우관을 쓰고 둥근 고리가 달린 큰 칼을 차고 있는 고구려 사신 그림

역사 교과서에도 나와 있는 아프라시압 궁전 벽화도 이 언덕의 유적지에서 발굴되었다. 박물관으로 옮겨 전시한 벽화 중에서 가장 눈여겨볼 것은 사절도(使節圖)이다. 벽화 원본이 낡았지만 7세기경 중앙아시아 소그디아 왕국의 바르후만 왕 즉위식에 참석한 각국 사절단이 알현하는 모습을 그린 벽화다. 코끼리와 낙타를 타고 온 사절도 있고, 비단을 바치는 중국 사신도 그림에 그려있다. 사절단 중에 중국과 티베트 사신 다음으로, 알현을 기다리는 장면으로 상투 머리에 새의 깃털을 모자에 꽂은 조우관(鳥羽冠)

울르그벡(1394-1449)

을 쓰고 무릎을 가릴 정도의 긴 황색 상의에 허리에는 검은색 띠를 두르고, 헐렁한 바지에 앞 끝이 뾰족한 신발을 신고, 둥근 고리가 달린 큰 칼(環頭大刀)을 차고 있는 고구려 사신으로 추정되는 두 명의 인물이 그려져 있다. 1,400년 전 삼국시대에 5,000km나 멀리 위치한 중앙아시아 왕국과 교류가 있었음을 증명하는 유적이다(변색된 벽화가 흐릿하여 중요 벽화 아래에 잘 알아볼 수 있게 스케치 그림을 첨부하여 전시하고 있다).

이 외에도 중국의 공주를 사마르칸 트의 술탄 아내로 맞는 경사스런 모 습과, 각국 사절들이 진상한 화려한 보석이 벽화에 그려져 있고, 전시품 중에 기원전 300년경 알렉산더 대왕

이 동방을 침략하여 점령 당시 무역에 사용되었을 동전과 그리스 시내의 도 자기와 건축물, 이슬람 시대 이전의 조로아스터교의 유물인 납골을 보관하 는 오쑤아리(Ossuary)가 있다. 또, 실크로드를 설명하는 지도와 알렉산더

대왕이 마케도니아에서 아라비아를 거쳐 사마르칸트까지의 원정 루트가 그
려져 있다.

사마르칸트 오페라 & 발레극장

독립광장에 위치한 사마르칸트 오페라&발레극장의 연극을 관람했다. 입
장권에 좌석은 지정되지 않고 오는 순서대로 원하는 좌석에 앉게 되어있다.

내용은 우즈베키스탄의 평범한 부부가 세 아들과 딸 하나를 두고 행복하
게 살아가는데 나라가 소련에 의해 점령되고 독립운동하는 과정에서 아버지
는 부상당한 채 불구가 되어 돌아오고 큰아들은 독립군에 가담하고 사위는
참전하여 죽음으로 돌아온다. 딸은 남편 죽음 소식을 믿을 수 없어 미망인
이 쓰는 부르카 입기를 거부하며 오열한다. 굴렁쇠를 굴리며 독립전쟁이 뭔
지 모르는 모자란 막내는 집을 나가 어찌 되었는지 소식을 모른다. 온 가족
의 멍에를 짊어진 어머니의 절규가 심금을 울린다.

러시아의 영향을 받아서인지 2층으로 지어진 무대세트의 조명도 훌륭하고, 구성과 연기가 탄탄하다. 우리 연극과 다른 점이 있다면, 극중 대사를 노래로 전달하는 가수가 무대 한쪽에서 노랠 부른다. 인공음향 효과를 전혀 사용하지 않는 형식으로, 우즈베키스탄의 독립운동을 연극으로 표현한 작품이었다.

가로수로 심겨있는 호두나무와 체리나무, 수백 년 됐음 직한 뽕나무의 처진 가지에 오디가 주렁주렁 달려있다.

5/30(30일째) ★ 라비하우스(Lyabi-Hauz) 주변의 나디르 디반 베기 앙상블

사마르칸트에서 부하라까지 버스로 3시간 반 걸렸다. 열차를 이용하면 2시간 거리다. 부하라는 사막화된 지역에 수리시설을 만들어 오아시스로 바꾼 도시로 우즈베키스탄 부하라 주의 주도(州都)다. 도로변 풍경은 전형적인 1차산업의 농경지다. 하얀 목화와 누렇게 익어가는 밀, 논두렁에는 오래된 뽕나무와 마을 주변에는 포플러가 울창하다. 밭은 자동화된 농기계가 아니면 경작할 수 없으리만치 광활하다.

'부하라'라는 지명은 산스크리트어의 '비하라'에서 유래한다. 수도원이라는 뜻일 만큼 도시 전체가 이슬람의 사원과 유적지들로 덮여 있다. 11세기 초 카라한 왕조와 17세기 부하라 칸국의 수도였던 부하라는 한때 이슬람 성직자를 양성하고 과학·문화·종교의 이슬람 최대의 성지였다. 붉은 모래사막인 키질쿰을 끼고 있는 인구 25만의 오아시스 도시이기도 하다. 서쪽으로는 투르크메니스탄을 거쳐 카스피해에 이르고, 남서쪽으로는 투르크메니스탄을 거쳐 페르시아에 닿는다.

실크로드 시대에는 천산남로를 거쳐 부하라에서 페르시아를 지나 시리아, 시리아에서 동로마제국(비잔틴제국)과 콘스탄티노플을 거쳐 그리스와 로마까지 이어진다. 또 다른 비단길은 아프가니스탄과 파키스탄을 거쳐 인도로 이어진다.

레스토랑에서 점심을 먹고 계산서를 요구했다. 분명 주문할 때보다 많은 금액이 청구되었다. 양고기, 소고기, 맥주, 샐러드, 수프, 밥, 차 등의 여러 가지 품목의 가격을 다 기억 못 할 거로 보고 청구한 계산서이다. 이상하여 메뉴판을 가져오라 했는데 계산서와 같은 금액이다. 이번에 가져온 메뉴판이 처음에 보여준 메뉴판과 다르다고 했더니 주인을 데려온다. 무슨 문제 있냐고 묻는다. 주인 말은 옛 메뉴판을 고치지 않고 잘못 보여주었다고 한다. 손님이 와서 주문할 때는 금액이 적은 메뉴판을 들고 오고, 계산할 때는 비싼 가격으로 청구하고….

부하라 상인들의 꼼수다. 오죽하면 타슈켄트에서 얻어온 부하라 관광지도 한 구석에 이렇게 써났을까?

"당신은 아시나요? 우즈베크인들은 물건을 사기 전에 언제나 가격 협상을 합니다. 웃기 겠지만 파는 사람이나 사는 사람 둘 다 협상을 좋아합니다. 깎지 않고 산다면 좋은 구매라고 할 수 없습니다. 따라서 시장에서 기념품이나 과일을 구입할 때는 부르는 가격에서 10%~20% 할인을 받으세요!"

실크로드 상인들의 집결지의 후예들이라 그런지 상술에 적극적이다. 물건을 파는 상인도, 식당의 주인도 손님을 놓치지 않으려 한다.

　　물건 사는 것이 아닌 식당에서도 조심해야 한다. 음식값을 깎을 순 없지만 정당한 가격을 지불해야 하지 않겠는가.

부하라 만남의 장소인 라비하우스 & 543년 된 뽕나무

부하라에서 가장 대중적인 장소인 라비하우스(Lyabi Hauz)를 찾았다. 인공으로 조성한 연못인데 주위로 건물들이 둘러싸고 있다. 우즈베크어로 라비(Lyabi)는 '주변', 하우스(Hauz)는 연못으로 '연못의 주변'이라는 뜻이다. 연못 귀퉁이에 1477년에 심었다는 뽕나무가 아직도 실크로드의 상징으로 남아있다. 1662년에 가로 36m, 세로 46m로 완공된 연못의 옆으로 수로가 나있어 물을 공급받는다. 부하라에서 만남의 장소라 할까? 주민들도 관광객들도 모두 라비하우스에서 만남을 갖는다. 연못을 사이에 두고 주변에 다양한 레스토랑과 호텔이 많다. 그림을 그리는 학생, 담소를 나누는 주민들, 차를 마시거나 맥주를 마시는 관광객들로 북적이는 부하라 관광의 중심지이다.

라비하우스를 둘러싸고 두 개의 마드라사가 있는데 동쪽의 실크로드를 따라 무역을 하는 대상들의 숙소로 지었던 '카라반 사라이'를 제사장들의 조언에 따라 마드라사로 만들어야 했다.

17세기 부하라 지역의 재정 담당관이었던 실권자 '나디르 디반 베기'가 정형화된 이슬람양식의 건축물을 지었는데, 오아시스 도시의 필수 불가결한 요소인 연못을 중앙에 만들고 주위에 건물들을 배치했다.

나디르 디반 베기(Nadir Divan Beghi) 마드라사는 1622-1623년 이맘 퀼리 칸에 의해 건축된 건물로 교실과 마당이 없다. 푸른 모자이크 타일로 장식된 외관의 모습은 낚아챈 사슴을 발톱으로 움켜쥐고 하늘을 나는 환상의 새(조로아스터교 신화에 등장하는 후모라는 새)기 사람의 얼굴 모양을 한 태양을 향해 날아가고 있는데 이는 영적인 지식에 대한 갈증을 상징한다고 한다. 사람과 새, 사슴이 나오는 그림은 우상숭배를 부정하는 이슬람의 교리에 배치되는 것일진대 궁금하였다. 같은 해에 대상인들을 위한 숙소인 '호나코'가 지어졌다. 한때 중앙아시아에서 몰려와 이슬람 교리와 신학문을 배우던 학승들이 공부했던 마드라사는 그 수명을 다하고 지금은 기념품 가게로 변하였다.

북쪽의 마드라사는 쿠칼도쉬 마드라사(Kukal dosh Madrasah)로 1568년에 건축된 교육기관으로 중앙아시아 각지에서 신학생들이 모였다고 한다. 이로써 라비하우스 주변에 나디르 디반 베기 앙상블이 완성되었다.

시나고그, 유대인 회당

라비하우스 주변으로 낙타 조형과 동상이 있는데, 동상은 '호자 나스레딘' 동상으로 당나귀를 탄 채 손을 들어 익살스러운 표정을 짓고 있다. 그는 소아시아(아나톨리아) 출신의 이슬람 학자로, 돈키호테 같기도 하고 상인처럼 보이기도 하지만 서민풍으로 국민들의 사랑을 받는 인물이었다고 한다. '호자'는 17세기 중앙아시아의 이슬람 신비주의 수피즘 장로를 존칭해서 부르는 이름이다.

좁은 골목에 사람들이 몰려있어 간판을 보니 시나고그(Synagogue)이다. 사라폰 거리(Sarrafon St)에 있는 부하라 최초의 유대인 회당으로 일반인이 거주하는 집처럼 벽돌로 만든 이층구조의 건물이다. 골목 맞은편에는 유대인 문화센터가 자리 잡고 있다.

300년 전에 돈 많은 유대인 과부가 살았는데, 당시 부하라 지역의 세금과 재정 담당관이었던 나디르 디반 베기는 마드라사 앞에 연못을 연결하여 이슬람인들이 여행 중이거나 방랑하는 수피들의 숙박시설인 나디르 디반베기 호나코(Nadir Divan-begi Khanaka)와 마드라사를 짓고 싶어 했다. 하지만 원하는 땅 가운데 있는 집에서 사는 과부가 집 팔기를 거부하여, 어쩔 수 없이 샤 루흐(타직어로 '칸의 강'이라는 뜻) 운하를 과부 집터 옆으로 흐르게 물길을 틀었다고 한다. 그러자 폭우로 비가 많이 내려 범람하는 물길에 집이 떠내려가다 과부의 집이 엎힌 곳이 시나고그가 설립된 땅이라고 한다. 말이 운하이지 샤 르후의 현재 남아있는 모습은 2m쯤 되는 너비의 도랑이다. 과부는 나디르 디반 베기 마드라사를 건축한 디반 베기의 조카인 이맘 퀼리 칸을 찾아가 나디르 디반 베기가 제시한 토지 매각대금을

샤 르후 운하

거절하는 대신, 물에 쓸려와 멈춘 곳의 토지 소유권과 유대 회당인 시나고그 설립을 요구했다고 한다. 나디르 디반 베기가 이를 승낙하여 부하라 최초의 시나고그가 설립되고, 비로소 실크로드를 오갔을 대상(隊商)들과 이슬람 수피들의 휴식처라고 할 수 있는 라비하우스는 운하로부터 안정적으로 물을 채울 수 있게 되었다고 한다.

나디르 디반 베기는 왜 이렇게 종교 건축물인 마드라사와 라비하우스 등에 관심과 노력을 기울였을까? 이 의문은 관광지도의 그림 기호에 표기된

내용을 보고 풀렸다. 부하라 역사지구 4곳의 건축물인 가우쿠숀(Gaukus hon) 마드라사, 라비하우스(Lyabi Hauz), 모다리칸(Modari) 마드라사, 포이 칼리안(Poi-Kaltan) 미나렛을 표현할 때, 'ARCHITECTURAL-COMPLE XES AND ENSEMBLES'라는 제목을 썼다. 주위와 건축단지의 앙상블을 고려한 것이다. 앙상블(Ensemble)인 만큼 하나의 독립된 건물이 아니라 분 위기에 맞는 조형물을 어울리게 만들어 배치했던 것이다.

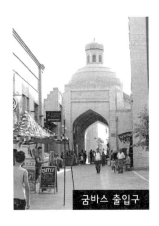
굼바스 출입구

바자르(Bazaars)는 라비하우스 주변과 가까운 카키캣 거리에 있는데, 우즈베키스 탄은 특이하게도 유적지 내에 시장이 형성 된 곳이 많다.

어떤 건물은 마드라사 본당에도 기념품 을 파는 상점이 있고, 부속 건물에도 즐비 하다. 교차로 관광안내소 옆에 있는 '굼바 스'는 이글루 형태의 건물이 통로로 이어져 있는 건물군으로 하나의 굼바스를 중심으로 여러 부속 건물이 딸려있다. 한 굼바스를 지나면 또 다른 굼바스에 기념품을 파는 가게가 있고, 그 굼바스 를 지나면 다음 굼바스가 연결된다.

굼바스(Gumbas)는 통로가 있는 상가들을 구성하는 기다란 건물군을 총 칭하여 부르는 이름으로, 낙타 젖을 섞어 반죽하여 지은 둥근 돔의 건물로 대상(隊商)들의 낙타가 지나갈 수 있도록 출입구가 높다. 돔 내부는 10m 정 도의 높이로 태양의 강렬한 기운도 굼바스의 돔 지붕 아래에서는 시원할 수 있도록 지어졌다. 1588년 첫 번째 굼바스가 건축된 이래 17세기 부하라에는 5개의 굼바스가 건축되었는데 당시에는 우체국 업무와 세무 업무, 환전 업무를 하는 용도로 사용되었다고 한다. 멀리에서 보면 무덤군처럼 보이기도 하는데 가까이 가서 보면 곡선으로 된 아름다운 건물이다. 굼바스 내부의 가게를 타키(Toki)라 부르는데 부하라의 명물이라는 작은 수제가위를 기념품으로 구입했다.

굼바스(Gumbas)로 이루어진 바자르

5/31(31일째) ★ 부하라의 상징 칼랸 미나레트

론리 플래닛의 중앙아시아를 대표하는 표지 건축물 사진으로 유명한 초르 미노르(Chor Minor)는 조그만 벽돌건물 모퉁이에 4개의 아치형 돔 구조의 작은 파란색 돔의 탑을 붙여 지은 건축물이다(초르는 이곳 말로 4를 의미한다). 초르 미노르는 1807년 라비하우스의 북동쪽의 주거지역에 투르크의 부자인 하리프 니야쿨(Halif Niyazkul)을 대신하여 지어졌다. 마당에는 석재로 만든 수영장이 있다. 계단을 통해 위로 올라가면 중간층에 4개의 기도실 같은 공간이 있는데 그중 하나는 도서관으로 이용되었다고 한다. 지붕으로 올라가면 동네를 조망할 수 있다. 세계문화유산인 초르 미노르 안에도 어김없이 기념품 가게가 있다. 이 가게에서 부하라의 유산을 기록한 사진 책자를 구입했다.

갑자기 비가 내려 초르 미노르 길 건너 반대편에 구소련 물품이나 우즈베키스탄 토산품을 파는 상점에 비를 피하기 위해 들렀는데, 성묵이가 기념품점에서 구소련군 탱크의 전차병이 2차대전 또는 아프간 전투에서 착용했을 것으로 짐작되는 전투모를 발견하고 사야겠다고 조른다. 너무 갖고 싶었는지 상점 주인이 달라는 가격을 다 주고라도 사야겠다고 조급해한다. 그냥 가자고 했더니 주인이 20% 정도 깎아 준다고 한다. 그냥 간다고 하면 더 깎을

수 있으니 가자고 재촉하고… 손자는 그럼 사지 못하게 되는 것 아니냐고 안달이고… 나는 딜(deal)은 이렇게 하는 것이니 가자며 잡아 끌었다. 결국 발걸음을 돌리던 손자는 주인이 부른 금액의 반값으로 사게 되었다. 탱크병 모자를 쓰고 다니는 손자한테 어떤 관광객은 한 번 써보자고 하고, 어떤 사람은 자기가 전투에 참여한 군인이었다며 관심을 갖고 얘기한다. 탱크병 전투모를 쓰고 다니는 손자는 인기 짱이었다.

 '성채' 또는 '커다란 궁궐'이라는 뜻의 아크성(Art Fortress)은 부하라 칸국의 왕궁으로 외벽은 황톳빛 사암의 흙벽돌로 구축하였는데 중간중간 항아리 모양으로 성벽을 튼튼하게 쌓았다. 외벽의 길이가 789m, 면적은 4헥타르(12,000평), 성벽의 높이는 10~20m이다. 매표소에서 표를 구입하면 해설 이어폰을 무료로 사용할 수 있다. 부하라 왕국의 칸이었던 '에미르'가 집무 했던 장소와 죄수들의 감옥, 박물관이 있으며, 돌로 포장된 길을 따라 왼

쪽으로 줌마사원(Juma-mosque)과 재상이 거주했던 집, 오른쪽으로는 대관식이 치러졌던 홀과 왕국의 악사들이 기거했던 나고라 하나(Nagora khana)가 있다. 당시에 약 3천 명의 사람들이 거주했다고 한다.

이 성은 1920년 러시아 붉은 군대의 폭격을 받아 70% 이상이 파괴되는 비운을 맞는다.

아크성에서 아프라시압(afrasiab st) 길 건너에 볼러 하우스(Bolo Khauz)가 있다. 볼러 하우스 사원은 입구 회랑의 나무 천장을 호두나무와 뽕나무로 만든 20개의 기둥이 받치고 있다. 천정을 받치고 있는 기둥머리(柱頭)는 화려한 조각으로 장식되어 있고, 천정의 치장은 단청(丹靑)처럼 아름다운 꽃무늬와 연속된 기하학무늬가 그려져 있다. 볼러 하우스 앞에는 연못이 있어 연못에 비친 기둥까지 포함하여 40개의 기둥이 있는 사원이라고 부른다고 한다. 보통 건축물을 짓고 연못을 파는데 볼러 하우스는 연못 앞에 건물을

지었다고 한다. 볼러 하우스(Bolo Khauz)는 우즈베크어로 Bolalar(어린이),
Khauz(연못)로 어린이 연못이라는 뜻이다.

샤스마이 욥(Chashma Ayub)
은 아크성에서 서쪽으로 700m
정도의 거리에 있다. 샤스마이
는 타직어로 우물 또는 샘이라
는 뜻이라고 한다. 욥(Job)의 샘
이라는 뜻의 이름을 가진 묘인
데, 샤스마이 욥은 부하라에서
가장 오래된 기념물로 물을 의
미하는 샤스마이와 구약성경 욥기서의 주인공인 욥을 결합한 의미이다. 성

(聖) 욥이 이곳을 방문했을 때 부하라 백성들이 질병으로 고생하자 자신의 지팡이를 땅에 꽂아 샘물이 솟아나게 하여, 치료용 물을 만들었다고 한다. 물은 육신을 치료하거나 영혼을 재생하고 정화하기도 한다. 사막에서 물의 의미는 몸에 필요한 수분 그 이상이다. 우물의 실제 나이는 확인되지 않았으나 우물 뒤쪽의 이슬람 숭배 묘소는 티무르(1370~1405)시대에 건물이 세워졌다고 입구에 기록되어 있다.

묘실에 긴 나무를 세워놓고 끝에는 손바닥과 다섯 손가락 모형을 매달아 놓았다. 이슬람 묘소 안에 샤머니즘적인 형상을 만들어 놓았다. 건물 외관은 텐트 형태로 만들어진 원뿔형 돔의 건물 첨탑에 두 마리의 두루미가 앉아있는 조각을 만들어 놓았다. 연결된 입구 건물은 물박물관으로 샘솟는 물을 마실 수 있다. 묘소는 전쟁에서 포로로 잡혀 온 장인들에 의해 세워졌을 것이라고 한다.

미르 아랍 마드라사(Mir Arab Madrasah)는 부하라에서 가장 큰 규모로 두 개의 청백색 모자이크 타일로 장식한 아치형 돔과 이층구조의 건물이다. 이곳의 교육 연한은 7년이다. 강의실과 기숙사를 보고 싶었는데 수업 중이라 출입을 금하고 있어 대리석을 파내어 만든 창살 너머로 정원만 보인다. 아이러니하게 티무르 시대에 페르시아인 노예 3천 명을 팔아 지었다는 마드라사에서 종교인으로서의 몸가짐과 교양을 습득하고 이슬람 성직자의 길을 밟아나간다.

마드라사 옆에 부하라의 상징인 칼랸 미나레트(Kalyan Minaret)가 서 있다. 칼랸은 타직어로 '웅장하다, 크다'라는 뜻으로 이슬람의 승리를 기원하며

미르 아랍 마드라사

1172년에 거대한 첨탑을 지었다고 한다. 첨탑의 16개 창을 통해 16명의 무어진이 동시에 기도시간을 알렸다고 한다.

정복지에 대한 철저한 파괴자인 칭기즈칸이 바람으로 모자가 땅에 떨어지자 모자를 줍느라고 고개를 숙였다가 들어보니 칼랸 미나레트 아래였다고 한다. 자기가 머리를 수그린 미나레트를 몽골군이 파괴하지 못하도록 명령하여 칼랸 미나레트는 살아남아 800년 동안 부하라를 굽어보고 있다. 이슬람 신앙의 위대함을 알린 탑으로, 예배를 알리는 본래의 역할 외에도 실크로드의 대상들에게는 길잡이인 생명의 빛을 던져주었지만, 죄인들에게는 사형을 집행하는 형장이었다. 즉 미나레트 첨탑에서 죄수를 자루에 담아 던져 죽임을 당하게 했던 죽음의 미나레트이기도 하다. 1884년을 마지막으로 죽음의 집행을 끝냈다고 한다.

맨 밑의 초석은 직경 9m이고, 기단에서 다시 지하로 10m 들어가 있다. 미

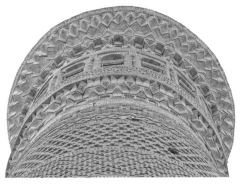

나레트의 내부에는 104개의 계단이 나선형으로 만들어져 47m의 첨탑에 오를 수 있다. 미나레트는 채색을 하지 않은 작은 흙벽돌을 문양을 만들어가며 14개의 층으로 서로 어긋나게 방향을 다르게 하여 쌓아 올린 기법으로 건축하였다.

벽돌은 햇빛에 구운 자연의 갈색 벽돌이며 달걀의 흰자와 낙타 젖으로 반죽하여 견고하게 쌓았다고 한다.

샤스마이 욥과 가까운 곳에 현존하는 중앙아시아 최고의 이슬람 건축물인 '이스마일 샤마니드 영묘'가 있다. 무려 51년(892년부터 건축하여 943년 완공) 걸려 지은 묘소로, 채색하지 않은 18종류의 벽돌을 햇빛에 구워 요철(凹凸凹凸) 모양으로 쌓아 만든 직육면체 건물에 반구형 돔 지붕을 얹은

단순한 건물이지만, 네 벽면에 만든 작은 아치에 격자형 나무문을 만들어 들어오는 빛의 조화가 묘당 내부를 신비스럽게 한다. 9세기 말 부하라를 점령하여 수도로 정한 이스마일 샤마니드는 아버지를 위해 무덤을 완성했으나 이후 그와 후손들이 묻히면서 왕가의 무덤이 되었다.

6/1(32일째) ★ '아무다리아 강' 중간이 투르크메니스탄 & 우즈베키스탄 국경

　　부하라에서 히바(Khiva)까지 버스로 이동했다. 우르겐치(Urganch)를 거쳐 북서방향으로 A380도로를 따라 453km의 거리를 7시간 달렸다. 부하라에서 300km까지는 중간중간 사막화된 땅의 연속이다. 사막에 계획 조림을 하고 모래바람을 막는 발을 쳐놓아 생육하는데 보탬을 준다. 도로는 구소련시대에 건설되어 투르크메니스탄과의 접경지에 놓여 있다. 왼쪽으로 아무다리아 강이 흐른다. 아무다리아 강 가운데가 우즈베키스탄과 투르크메니스탄의 국경이다. 우르겐치는 아무다리아 강의 풍부한 수량을 수로를 연결하여 서북아시아 일대에서 곡물이 제일 많이 생산되는 곳이기도 하다. 아무다리

아 강의 물을 끌어들여 사막화된 땅에 조림을 하고 농토로 바꾸는 개발계획을 실행하고 있다. 아무다리아 강은 파미르고원에서 발원하여, 힌두쿠시산맥 계곡을 흘러 우즈베키스탄과 투르크메니스탄 국경지대의 북서방향에서 흐르는 길이 1,450km의 강이다.

'다리아'는 투르크어로 '강'의 의미이므로 '아무 강'이다. 우르겐치는 호레즘주의 주도로 샤바트 운하와 아무 강을 끼고 있다. 히바칸 시대에는 교역의 중심지였지만 여행자에게는 '히바'로 가는 길목이다. 히바는 우르겐치 시에 속해있다. 우르겐치에서 히바까지는 30분 거리로 시내버스가 운행된다[우르겐치는 손으로 만든(우르) 목각 공예품(겐치)이라는 뜻이다].

히바는 기원전 2000년경부터 인류가 살기 시작한 이래 호레즘인이 거주하고 있던 곳이다. 우즈베키스탄 북서부에 위치한 호레즘 왕국은 1210년 사마르칸트로 천도할 때까지 히바를 수도로 정하여 번성하였다.

그러나 1220년 칭기즈칸은 호레즘의 수도 사마르칸트를 점령하고, 도시를 폐허로 만들었을 뿐 아니라 수많은 남자를 잔인하게 죽였으며 여자와 어린아이는 모두 포로로 삼았다.

칭기즈칸의 티무르제국이 멸망한 후 호레즘 지역에서 샤이비이 왕조의 한 왕후였던 일바르스가 1512년 우르겐치를 수도로 정하고 독립왕국을 건설하여 히바 왕국을 세웠다. 17세기에 30km 떨어진 인근 히바로 수도를 옮겨 번성했으나 1920년 러시아의 보호국이 되어 왕조가 끊긴다.

　토요일의 히바 공원은 사람들로 북적거린다. 공원 주변 음식점에서는 샤슬릭을 굽는 연기가 자욱하다. 레스토랑에 들렀는데 일부다처의 이슬람국가라 그런지 여럿인 아내와 자녀들을 데려와 함께 식사하는 모습들이다. 우린 핵가족인데 이들은 확대가족인 셈이다. 아내에게 차별이 없게 하라는 공평성 계율을 지키느라 모든 처자를 동반하였다. 갓난아기를 데리고 온 부르카를 쓴 엄마는 젖을 먹이고 있다. 동반한 또 다른 부인은 부르카를 쓰지 않고 머리카락이 다 나오고 살짝 머리 부분만 가리는 하늘거리는 패션의 '샷일라' 차림의 스카프를 둘렀다. 중앙아시아의 이슬람은 중동의 이슬람처럼 얼굴을 다 가리고 눈만 내놓는 '니캅' 또는 온몸을 뒤덮는 망토인 '아바야'를 쓴 여성은 보이지 않는다.

일부다처제는 7세기 초 이슬람국가가 건설될 당시 사냥과 약탈, 전쟁이 생존의 수단이 되는 사막에서 여성이 혼자 살아간다는 것은 죽음을 의미하여, 이를 구제할 수 있는 효과적인 방법으로 정착되었는데 오늘날에도 시행하고 있다. '꾸란'도 개정판이 필요한 것은 아닌지 모르겠다.

전통적으로 서아시아의 이슬람 사회는 일부다처가 성행했다.

공원 오른쪽(이찬칼라 북서쪽)에 왕의 별장이 있다. Sayid Muhammadkhan이 왕위에 오른 뒤 별장을 짓기 위해 땅 주인인 거상 '누룰라 바이'(바이는 부자란 뜻)에게 그의 정원을 팔도록 요청했는데, 자기 이름으로 되어있는 땅 이름을 영원히 바꾸지 않겠다는 조건(이름을 영원히 역사에 남기겠다고)이 아니면 왕에게 팔지 않겠다고 하자 왕은 기꺼이 승낙하고 땅을 구입하였다. 무하마드 칸은 아들 '이스 판 디야르 칸'을 위해 19세기 말 Nurulla Bay(누룰라 바이) 궁전을 지은 이래 '누룰라 바이'라는 땅 이름은 지금까지도 변치 않고 있다.

호텔 앞이 바로 성이다. 히바 오아시스로 불리던 성(城), 사막을 건너 페르시아로 가는 실크로드 상인들이 비단과 향료를 낙타에 싣고 마지막으로 쉬어가던 곳 이찬 칼라(Itchan Kala)이다. 도시 전체가 유네스코 세계문화유산으로 지정된 히바 성은 기원전 4~5세기경에 건립한 성벽으로 19세기까지 7번 침략을 당하여 허물어지고는 했으나 수 세기 동안 재건되었다. 햇볕에 말린 벽돌로 지어졌으며 둘레는 2.25km, 높이는 8~10m로 동서남북에 문이 있는 내성으로, 30m마다 성벽 밖으로 지은 둥근 탑은 방어와 성벽의 기둥 역할을 한다. 성 내부는 600m×400m쯤 되는데, 24시간 자유롭게 드나들 수 있다. 성문을 잠그지 않는 이유는 성안에 주민 삼천여 명이 살고 있는 마을이 형성되어있기 때문이다. 대신 내부에 있는 박물관과 미나레트, 모스크를 관람할 때는 입장권을 구입해야 한다. 전부 관람할 수 있는 입장권은 150,000숨, 미나레트 3곳을 제외한 입장권은 100,000숨이다. 하루 관람권은 팔지 않고 2일 관람권만 판매한다.

전력사정이 여의치 않은지 레스토랑은 식사 도중 정전이다. 자주 일어나는 일인지 서빙하는 사람들 손에 등불이 들려있다.

6/2(33일째) ★ 350년 된 느릅나무 기둥의 주마 모스크(Juma Mosque)

히바(Khava)는 2중 성벽으로 둘러싸여 있는데, 외성과 내성 사이를 디샨 칼라라고 하고, 내성은 이찬칼라라고 부른다. 외성은 2030년까지 복원예정이라고 한다. 성안에는 항상 맛이 놀랍고 맑은 물이 샘솟는 우물이 많았다고 하는데, 셈(Shem)이라고 하는 우물은 영주들에 의해 파여졌다.

이스라엘과 아랍의 전설에 등장하는 인물이자 구약성경 창세기의 홍수 이야기에 나오는 노아의 아들 셋 중 장남 셈(Shem 또는 Sam)이 이곳 광야 지대에서 휴식 중 낮잠이 들었을 때 꿈속에서 300여 개의 타오르는 찬란한 횃불을 보고, 그 자리에 방주 모양의 도시를 건설했다고 한다. 셈이 가리키는 곳에 우물을 파자 물이 흘러넘쳤고, 그 우물의 이름을 헤이와크(Kheivak, 우물이라는 뜻)라고 명명하였는데, 헤이와크라는 이름에서 도시 '히바'라는 이름이 유래 되었다는 전설이다. 히바 성안에 헤이와크 이름의 호텔이 있다.

부하라는 욥의 샘이 있고, 히바는 셈(Shem)의 우물이 있나. 노아와 셈이 살았던 시기는 BC 3500년경이니 두 도시 모두 구약의 도시이다.

성 내부는 시체의 부패한 것이 물에 섞이지 않도록 땅에 매장을 금지하고 땅 위에 별도의 무덤을 만들도록 했다. 투르크어로 '이찬'은 안쪽이나 내부를, '칼라'는 도시라는 투르크어로 '이찬 칼라'는 내성(內城)이란 뜻이다. 10세기까지는 진흙에 밀대를 섞어 반죽하여 지었으나, 14세기부터는 성 외부를 벽돌로 건축하기 시작했다. 이찬칼라(Itchan Kala) 성은 4개의 문이 있다.

동쪽 문은 시인이자 씨름선수였던 파흘라반 마흐무드의 이름을 따서 '힘센 자의 문'이라고 부른다. 팔반 다르와자(Palvan Darwaza) 문은 과거에 노예시장이 있었기에 노예의 문이라고도 부른다. 북쪽 문은 '공원으로 난 문'으로 '박차 다르와자(Bakhcha Darwaza), 남쪽은 '돌로 된 문'이라는 '타쉬 다르와자'(Tash Darwaza)라고 부른다. 남쪽으로 4km 지점에서부터 불모지 키질쿰 사막이 시작된다. 서쪽 문은 '아버지의 문'이라는 뜻을 가진 '아타 다르와자'(Ata Darvoza)이다. 다르와자(또는 darvoza)는 Gate라는 말이다.

게이트의 오른쪽에 히바 성의 지도가 타일로 만들어져 있다. 여기에서부터 일정이 시작된다.

사방으로 난 4개의 성문 중 관광객들은 입구에서 관람권을 구입하여 들어간다. 이찬칼라 안에 이슬람 교육기관인 마드라사가 24개, 미나레트 5개와 8개의 모스크가 있다. 이 외에도 2개의 궁전과 5개의 복합건축물이 있다. 서문에서 동문을 가로지르는 Polvon Kori 거리 양쪽으로 궁전과 사원이 있다.

성안에 다섯 개의 미나레트가 있는데, 히바에서 가장 높은 50.5m의 호자 미나레트(Lslam Khodja Minaret)에 올라갔다. 받침대의 지름이 9.5m인 원추형 첨탑으로 조명시설이 없는 폭 50cm의 118개 계단을 빙빙 돌면서 올라가면 히바 성 너머 사막의 지평선까지 보인다. 이 첨탑은 1908~1910년 이슬람의 귀족으로 러시아의 보호국이 되기 직

전까지 히바 칸국을 다스렸던, 최후의 통치자 무하마드 라힘 칸 2세를 보좌한 호자(Khodja)가 1908년 500만 개의 벽돌을 사용하여 지은 탑으로 가장 최근에 지어졌다.

호자는 유럽식 학교와 우체국과 전신시스템, 병원을 도입한 인물이지만, 신문물 도입을 시기한 이슬람의 성직자에 의해 살해되었다고 알려져 있다. 첨탑의 2.5m 돔은 놋쇠와 브론즈를 혼합한 금속으로 뾰족한 장식 끝에 이슬람을 상징하는 초승달 장식을 설치했다. 사막에서 뜨거운 햇볕을 피해 밤길을 걸어야 하는 유목민과 대상들에게 깜깜한 밤에 환하게 드러내는 초승달이야말로 이정표이고 앞길을 환하게 비춰주는 이상이자 동경의 대상이 아닐 수 없다.

옆에 건축한 호자 마드라사는 무한한 영적 세계를 상징하는 청색과 하얀색의 타일로 화려하게 장식한 전면 2층에 42개의 방으로 되어있다. 마드라사 1층의 응용미술박물관에는 천년이 되었다는 나무 문짝과 나무 창, 둥근 나무기둥을 받치는 주추목, 카펫, 민속의상과 호라즘 유물이 전시되어있다.

호자 마드라사에 New Method School이 있다. 1910년 이슬람 호자에 의해 유럽건축 스타일의 2층으로 지어진 학교는 8개의 교실과 2개의 복도로 구성되어 있다. 신학문과 더불어 러시아어, 우즈베크어, 지바 및 히바 역사에 대한 교육을 하였다. 신학문을 배우는 이슬람 소년들의 또렷한 눈망울이 보이는 듯한 느낌이다. 최초의 우즈베키스탄 사진작가이자 동영상 제작자인 후다이버겐-디바노브(Hudaibergen-Divanov)의 삶과 작품이 있고 당시 사용했던 카메라 기자재가 전시되어 있다.

히바에 있는 마드라사는 박물관으로 사용하는 곳도 있지만 레스토랑, 기념품 판매점, 호텔로 변형된 곳도 있다. 귀한 유적지로 보존하여야 할 텐데 돈벌이 수단으로 이용되고 있어 안타깝다. 기념품 판매점에서 파는 양가죽 모자는 긴 양털로 만들어 먼지가 들어가지 않을 뿐만 아니라 여름에는 시원하고 겨울에는 따뜻하다고 한다.

서문 오른쪽 건물인 무하마드 아민 칸 마드라사는 1855년 4년간의 공사 끝에 완공한 이슬람 신학교로, 130개 방에 2명씩 260명의 학생들이 기숙하였다고 한다. 여기에서 길 건너(Polvon Kori st) 성벽을 따라 왼쪽으로 가

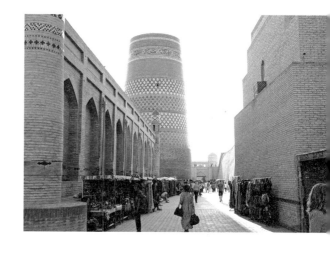

면 성벽을 오르는 계단이 있다. 쿠냐 아르크(Kunya-Ark)로 '오래된 성'이란 뜻의 궁전이다. 17세기에 지어진 칸의 궁전으로 성벽 위에는 마차가 다녔고 왕은 말을 타고 다녔다고 한다. 널따란 성벽에 붙어 왕의 접견실이 있다. 집무실 나무 문짝 한 개의 무게가 300kg이라 한다. 이어서 왕 앞에서 공연하는 공연장이 있고 입구에 4개의 방이 있는데 첫 번째 방은 군인, 두 번째 방

은 의사, 세 번째 방은 환전, 네 번째 방은 세금을 징수했던 사무실이 있다.

히바의 왕은 1511년에 시작하여 러시아의 보호국이 되는 1920년 2월 2일에 끝난다. 409년 동안 지속하여 65명의 왕이 재위했으며, 제일 오래 재위한 왕은 무하마드 라임 칸(Muhammad Rahim-Khan) 2세이다. 그는 교육과 철학, 과학과 문학 등에 많은 관심을 기울인 통치자로 1876년 히바 지역에서 제일 큰 규모의 '무함마드 라임 칸 마드라사'를 건축했다. 재위 기간이 제일 짧은 왕은 '사륵 아이그릇 칸'으로 아침에 왕으로 즉위하였으나 저녁에 넘어져 사망하였다고 한다.

성곽에 오르면 바로 앞에 녹색과 푸른색, 푸른색의 타일에 붉은 타일을 섞어 지은 아름다운 '칼타 미노르 미나레트'가 보인다. 원래는 부하라와 경쟁 심리로 미나레트를 높게 지어 400km 떨어진 부하라를 조망할 수 있게 109m 높이로 계획하여 1852년 건축하던 중 1855년 페르시아로 원정을 떠난 칸이 전사하는 바람에 다 짓지 못하고 높이 29m까지만 지어진 미완성 미나레트로 뚱뚱하고 낮은 모습이다. '칼타'는 '짧은'이란 뜻이 있기 때문에 짓다가 그만둔 낮은 첨탑이다. 기초 부분 지름이 14.2m에 이르고 여태까지 없었던 붉은 타일 기법을 사용했다. 붉은 타일의 미나레트는 19세기부터 건축되기 시작했다고 한다. 히바 사람들은 첨탑이 푸르러서 투르크어로 푸른 첨탑이라는 '콕 미노르'라고 부른다.

성안의 감옥은 백성들이 밖에서 들여다볼 수 있게 일부러 나무로 창을 만들고 한 달을 감옥에 가둔 뒤 광장의 백성들 앞에서 태형을 했다고 한다.

대부분이 돌로 지어진 모스크와 달리 외부는 벽돌로 짓고 내부는 나무기둥(Woods Column)으로 지어진 유명한 사원인 주마 모스크(Juma Mosque)는 이찬칼라 내 스무 개의 모스크 중 가장 오래된, '금요일의 사원'이라는 뜻을 가진 10~18세기의 사원으로 이찬칼라의 중심부에 있다. 1920년 히바 왕국이 망할 때까지 기도 장소였던 주마 모스크는 옛 아라비아 사원처럼 아치형 정문이나 회랑과 정원이 없으며 전통적인 둥근 모양의 지붕 형태도 아니다.

내부의 바닥은 편평한 사다리꼴 형태로 가로 55m, 세로 46m로 동서방향으로 건축되었는데 5천여 명을 수용할 수 있게 지었다. 정해진 출입구는 없이 사방 어디서나 사원을 출입할 수 있는데 주요 출입구는 북쪽에 위치한 큰 조각문이다. 벽돌로 지은 사원은 가운데 정원을 중심으로 약 3m 간격으로 21개의 나무기둥으로 지지되어 있다. 정교한 설계의 화려한 나무기둥들은 같은 문양의 조각이 없이 모두 다른 형식으로 기둥 밑 부분이 잘록하게 작은 직경으로 깎여져 있다. 천장의 두 군데 열린 공간으로 자연의 빛이 들어와 신비감을 더해준다. 천정의 장식은 대부분 8각형으로 조성되어 있다.

213개의 기둥은 대부분 교체되고 15개 기둥은 10세기에서 16세기까지의 것으로 350년 된 느릅나무 기둥이다. 그중 가장 오래된 기둥은 중세시대 호레즘 왕국의 수도였던 '카타'에서 가져온 것이라고 한다. 1000년의 세월을 잇는 기둥은 6개만 남아있다. 나무기둥에 아라베스크 문양이 양각되어있다. 기둥마다 굵기나 받침대, 문양이 다른 조각이 새겨있으며, 조각에는 덩굴식물, 꽃, 나뭇잎 등으로 덮여 있다.

주마 미나레트는 10세기에 제작된 모스크의 탑으로, 47m의 높이를 자랑하는데 빙글빙글 83개의 계단을 걸어 올라가야 탑 꼭대기에 도달한다. 미나레트를 올라가려면 동문으로 들어올 때 구입한 입장권 외에 별도의 추가 입장권을 구입해야 전망대에 오를 수 있다.

1층 박물관에는 문서가 새겨진 돌(석판)이 3개 있는데, 하나는 집의 소유에 관한 부동산 문서이고 다른 2개는 집의 역사를 새겨 놓았다.
주마 미나렛 대각선의 '쉴가지 칸 마드라사'는 외국인을 교육하는 교육기관으로 중앙아시아, 러시아, 페르시아에서 유학 온 소년들이었다고 한다.

이찬칼라 서문 광장에서 출발하는 전동차를 이용하면 4개 성문 밖 성곽 모습과 이찬칼라 외부의 무덤과 동네 골목길을 지나 히바기차역 광장까지 양쪽으로 조성된 신시가지의 상가와 숙소 등을 구경할 수 있다. 히바역 출입은 기차표를 소지한 사람만 출입할 수 있는데 열차표 판매소가 광장에 있어 들어가 볼 수 없어 아쉬웠다.

히바는 전력사정이 좋지 않아 정전이 잦다. 시내를 1/4로 나눠 순차적으로 정전이 된다고 한다. 저녁때 음식점에 일찍 가면 원하는 요리를 먹을 수 있으나 늦게 가면 재료가 떨어져 육류는 없고, 수프나 샐러드, 술, 음료 외에는 주문이 불가능하다. 주스를 주문하거나 요리가 늦어 재촉하거나 계산서를 달라고 요구하면 1 minute! 하고는 소식이 없다. 호텔에서 정전이 되어 언제 불이 들어오냐고 물어도 1 minute! 이다.

1 minute, 1 hour가 꼭 1분, 1시간을 의미하는 게 아니다. 기다리라는 뜻이다.

6/3(34째일) ★ 무스타킬리크 광장 1,991개의 물줄기 분수대

새벽 우르겐치에서 국내선을 타고 일주일 만에 다시 타슈켄트에 도착했다.

자동차로 15시간 995km를, 비행기로는 1시간 20분 소요된다.

타슈켄트 시내는 티무르 광장을 중심으로 형성되어있다. 티무르 광장은 지하철 아무르티무르역에서 내리면 타슈켄트의 대표적인 호텔 우즈베키스탄 호텔이 보인다. 구소련 분위기 건물로 1974년 지어진 호텔이다. 이 호텔은 여행자들이 환전을 위해 자주 찾는 곳이다. 1층 기념품 가게 입구에 자동환전기(ATM)가 놓여 있다. 달러를 넣으면 우즈베키스탄 화폐 숨(cyn)으로 환전되어 나온다. 24시간 언제나 환전할 수 있어 편리하다. ATM기기에서 20m쯤 떨어진 호텔 코너에서도 환전할 수 있는데 직원의 식사시간과 휴식시간, 01시부터 04시까지는 문을 닫는다. 좋은 점은 ATM기기보다 1달러당 80숨을 더 쳐준다.

예전에는 공식 환율이 낮아 환전상을 통해 외화를 바꾸는 등 어려움이 많았지만 2017년 9월부터 우즈베키스탄 정부의 개방정책 시행으로 자유롭게 달러를 환전할 수 있게 되어 은행과 환전상 모두 같은 환율을 적용하기 때문에 위폐에 대한 부담이 없는 은행을 이용하면 좋다.

타슈켄트 지하철은 1977년에 중앙아시아 최초로 건설한 빨강, 파랑, 녹색의 3개 노선 29개 역이다. 도로의 지하철 입구에 노선에 따른 색상의 M자 표식이 세워져 있다. 가장 아름다운 역은 알리세르 나바이(Alisher Navoiy)역이다. 입구마다 녹색 제복의 경찰이 지키고 있고, 입구에서 경찰이 무작위로 거주지증명서, 여권, 비자, 가방을 검사한다.

KASSA라고 쓰인 창구에서 차표를 구입하거나 자동발매기에 1400cyn(160원)을 넣으면 반투명한 파란색의 둥근 플라스틱 토큰이 나온다. 앞면에는 M자와 Metro라는 문자가 새겨있다. 출입 기기에 토큰을 넣고 한 층 내려가면 지하철을 탈 수 있다. 구간과 관계없이 한번 표를 구입하면 종점에서 종점까지 갈 수 있고 환승도 마찬가지다. 지하철을 탈 때마다 자리를 양보받았다. 외국인이어서인지 나이 들어 보여서인지 서로 자리를 양보한다. 표를 파는 직원은 우리가 한국인임을 알고 "까레이스키야?" 물은 뒤, 반갑게 전철 노선도를 손에 쥐여준다. 한국축구 칭찬과 함께 응원구호 올레를 외친다.

라흐맛(감사합니다)!

모스크바 지하철에 비하면 그리 아름다운 건 아니지만 멋스러운 커다란 기둥도 있고 지하 역사 안에 지하철박물관도 있다.

티무르지하철역에서 나오면 동쪽에 호텔 우즈베키스탄호텔이 보이고 반대편 둥근 모양의 공원 한가운데에 우즈베키스탄 국민들이 존경하여야 할 위인으로 여기고 있는 침략자 '아무르 티무르'가 말을 타고 손을 들어 세계를 호령하고 있는 모습이다. 예전에는 카를 마르크스의 동상과 스탈린, 레닌

의 동상이 서 있었으나 우즈베키스탄이 독립하자 13~16세기 중앙아시아를 장악하고 비단길을 지배했던 티무르제국을 부활시키자는 국민의 염원을 모아 '아무르 티무르' 광장으로 이름을 정하고 동상을 세웠다. 공원과 광장은 신도시의 중심이다.

티무르 동상에서 길을 따라 지하도를 건너면 브로드웨이로 연결되어있다.

동상에서 서쪽으로 공원을 가로질러 폴리텍무역센터와 역사박물관을 지나면 구소련시대에 레닌광장으로 불리던 무스타킬리크 광장(Mustakillik Square)이다. 무스타킬리크는 우즈베크어로 독립을 뜻하는데 독립기념일인 9월 1일이면 대규모 경축행사와 불꽃놀이를 한다고 한다. 광장에는 대규

모 분수와 광장 뒤로는 앵크호(Ankhor) 공원과 운하가 흐른다. 대형분수의 1,991개 물줄기는 1991년 12월 우즈베키스탄공화국 독립을 의미하고 독립 광장의 상징적인 거대한 조형물은 로마 시대의 공중수로처럼 지어졌다. '에 즈굴릭 아치'라고 하는데 에즈굴릭(Ezgulik)은 선함과 고귀함을 상징하는 말로 독립에 대한 고귀함을 나타내고 있다.

16개의 하얀 대리석 기둥에 가로 150미터, 양 끝의 높이는 12미터의 하얀 지붕의 거대한 조형물이다. 조형물의 한가운데 큰문 위에는 우즈베키스탄 국조(國鳥)인 두루미들이 자유의 날개를 퍼덕이는 조형을 만들어 놓았다. 좋은 장소에만 둥지를 튼다는 두루미는 행복과 번성함을 의미한다고 한다.

붉은광장의 레닌 동상을 철거한 자리에는 독립기념비가 세워졌다. 기념비 가 황금빛 지구(우즈베키스탄)를 떠받치고 있고, 기념비 앞에 어머니가 아기

를 품에 안고 있는 '행복한 어머니' 동상이 세워져 있다. 이 모자상은 신생국가인 우즈베키스탄의 미래를 지키는 번영된 조국을 표현한다고 한다. 그러나 행복한 모자상을 멀리 공원 창살을 통해 봐야만 했다. 가까이 가기 위해 경비하는 경찰에게 문을 열어 달라 했건만 모른 척했다.

어제 휴관으로 발길을 돌려야 했던 '아무르 티무르 박물관'을 방문했다. 정식 명칭은 '티무르 왕조 역사 국립 박물관'이다. 하늘색 지붕의 이슬람 사원을 연상케 하는 2층 건물로 평지에서 계단을 내려가 지하를 통해 입장한다. 내국인은 2천숨인데 외국인은 6천숨이다. 사진촬영을 원할 경우 1만숨을 더 내야 한다. 단, 우즈베크어나 러시아어를 할 줄 알면 3천숨을, 영어나 중국어를 할 줄 알면 5천숨이다.

아무르 티무르 탄생 660주년을 기념하여 유네스코 지원으로 1996년 9월 문을 열었다.

지하 계단을 오르면 황금빛 천장과 육중한 대리석 기둥의 홀 정면에 2층 높이의 아무르 티무르와 손자인 울르그벡의 그림이 그려져 있고, 벽면에는 무굴제국 시대 왕과 신하들의 세밀화가 화려하게 그려져 있다. 티무르를 우즈베키스탄의 영웅으로 만드는 작업 때문에 그런지 박물관의 안정된 이미지보다는 화려함에 비중을 뒀다. 1층 중앙의 회색 대리석 주춧대 위에 7세기 이슬람제국 제3대 칼리프 오스만 자이트의 개인 비서에 의해 사슴 가죽 위에 쓴 고란이 전시되어있다. 세계 최초의 코란인 '오스만 코란본'으로 원본은 타슈겐트 '하즈라티 이맘 모스크'에 보관되어 있다. 2층 복도에는 티무르의 역대 왕의 초상화와 나무판에 새겨 놓은 티무르 대제, 전쟁에서의 활약상과 티무르가 존경했던 스승이자 성자인 '사이드 베르케'(Seyid Berke)가 함께 그려진 그림이 걸려있다.

그 외 13~14세기의 동전과 철갑옷, 15세기 히바의 사원에서 가져온 조각된 나무기둥, 중앙아시아 유적인 도자기, 게르(yurt), 학자들과 토론하는 문인이자 정치가인 '알리쉐르 나보이'(Alisher Navoiy)의 모습을 그린 그림, 19세기 부하라 통치자의 금관복과 울르그벡 천문대 내부모형, 티무르의 세 번째 부인 비비하눔 모스크의 모형, 금실 은실로 장식된 우즈베키스탄 전통의상 초폰(chopon), 티무르 후대 가계도, 사마르칸트의 시장 그림 등이 전시되어있다.

유라시아의 패자인 아무르 티무르 명성에 비해 민족의 유목적 성격이 강했던 탓에 유물은 남아있는 것이 많지 않으며 이 박물관은 우즈베키스탄 지폐 1000숨에 그려져 있다.

화려한 유물들을 보면 우리나라 국립중앙박물관 소장품들과 비교되고는 한다. 구·신석기 유물, 도·자기(청자, 분청사), 산수화, 서첩, 인물화, 도첩, 무기, 궁중보석… 이슬람문화를 진한 빛깔 문화라고 한다면, 우리 문화는 색조(色調)가 엷은 은은한 문화가 아닐까?

시티투어버스를 이용했다(72,000숨 또는 20$). 시티투어버스는 호텔 우즈베키스탄 주차장에서 출발하는데 월요일은 운행하지 않

고, 화요일(6회), 수·목·금(8회), 토·일(10회) 운행이 각각 다르다. 운행에 소

요되는 시간은 2시간 30분 정도이다. 중간중간 랜드마크에 내려 10분~30분 정도 시간을 준다. 주요 방문 장소는 10여 군데로 ①아무르 티무르 광장. ②Memorial Complex(Shakhidlar maydoni). 러시아 차르 시대와 구소련 시대에 희생당한 사람을 기억하자는 기념탑과 박물관. ③Mosque Minor(미노르 사원), 2014년 지어진 최근 사원. ④대지진 희생자 추모비, 1964년 진도 8 이상의 지진에 희생된 국민 추모비. ⑤Complex Khazrati Imam(하즈라티 이맘광장), 하즈라티 모스크 앞쪽에 위치한 마드라사인 '무이 무보락 마드라사'는 원래 이슬람 경전을 공부하고 율법을 배우는 이슬람 신학교육기관으로 현재는 코란박물관으로 쓰이고 있다. 7세기 중반에 제작된 세계에서 가장 오래된 코란이 진열되어 있다. 이 경전은 1997년 유네스코 세계기록문화유산에 등재되었다(Zarkaynar st). ⑥초르수 바자르(Chorsu bazzar). ⑦Samakand darvaza. ⑧이스티크롤 광장. ⑨무스타클릭(독립) 광장. ⑩나보이극장&이슬람 카리모프대로. ⑪타슈켄트 TV타워 등이다.

초르수[고려인들은 철수바자르라 부른다. 초르수(Chorsu)는 페르시아어로 사거리 또는 십자로(CrossRoads)를 말하는데 시장 위치가 4개 지류의 강이 합류하는 시섬이라는 뜻)는 지하철 파란선 Chorsu역에서 내리면 파란 돔으로 된 커다란 건물이 있다. 쿨케다쉬 마드라사와 주마 모스크 뒤편으로 늘어서 있다. 가락동 농수산시장과 남대문시장을 합친 것보다 큰 규모이다. 1층에는 육류와 반찬류, 2층은 과일과 견과류 상점이 있고, 건물 사이에 난전이 형성되어 과일과 잡화를 팔고 있다. 전문 정육점고녀서 고려인의 국시집을 찾았는데, 라마단 기간이 끝나는 날이어선지 문을 닫는 중이다. 다른 고려인의 음식점을 찾았으나 역시 문을 닫는 중이었다. 고려인 할머니는

실크로드 따라 인도, 파키스탄, 중앙아시아 38일

영업이 끝나 국수를 팔 수 없다고 했으나, 되돌아서는 우리를 그냥 보낼 수 없었던지 우리를 불러 세운다. 얼른 말아 줄 테니 맛보라고. 그렇게 해서 국수를 맛볼 수 있었다. 고추장을 푼 물에 육수에 절인 오이와 생채, 고수를 넣고 국수를 말아 내온다. 오이 냉채처럼 약간 식초를 곁들인 맛이다.

타슈켄트 TV타워는 375미터 높이로 전망대에 오르려면 반드시 여권을 소지해야 한다. 남산 서울타워 높이가 236.7m이니 비교된다. 경비가 1층 입구에서 가방 및 몸 검색을 한 다음, 여권(신분증)을 주면 (보관한다) 매니저가 확인 후 입장권을 구입할 수 있는 서류를 작성하여 입장권을 판매하는 까사로 안내한다. 까사에서 입장권을 구입하면 매니저가 받아 확인 후, 처음 여권을 보관한 곳에서 여권을 가져와 전망대 엘리베이터 타는 곳까지 한참의 거리를 친절하게 안내한다. 통로에 세계 각국의 타워를 모형으로 만들어 전시해놓았다. 세계에서 가장 높은 전파탑인 634m의 도쿄스카이트리, 600m인 광저우타워, 553.33m인 캐나다의 CN타워 순으로 전시해놓았다.

타슈켄트 TV타워는 세계 9위로 중앙아시아에서 가장 높은 철탑이다. 진도 9의 강진에도 견딜 수 있게 건축(1979-1981)하였다고 한다. 6층의 전망대에서 시내를 조망할 수 있고, 한층 더 오르면 서울타워처럼 회전시 레스토랑이 있다.

타슈켄트에 서울정원이 있다. 우즈베키스탄에 거주하는 고려인들 요청을 받아들여 2014년 우즈베키스탄 정부가 마련해준 바브르공원(Babur Park) 지역에 한국 정부가 부담한 비용으로 2,400여 평 규모로 지어졌다. '서울공원'이라고 한글로 쓴 현판을 보니 반가웠다. 서(瑞)맞이 영빈(迎賓)마당 안으로 들어서면 돌을 마당에 박아 비 오는 날에도 신발에 흙이 묻지 않도록 배려함이 나타나고, 서석지(瑞石池) 연못에 기둥을 담그고 중심에 누대를 세워 기와를 얹은 누각 사모정이 서 있다. 연못에 17개 서석을 설치하여 돌의 도시 타슈켄트를 상징하는 동시에 우즈베키스탄으로 이주한 17만 고려인들을 위로한다는 의미를 심었다. 연못에는 운치를 돋우기 위해 작은 섬을 쌓아 올려 나무를 심어놓았다. 땍거위가 노니는 연못의 축대 옆에 기와집을 짓고, 발걸음을 풍류마당으로 옮기면 또 다른 정취의 벽돌로 전통담장을 쌓고 기와를 얹은 한국 정원도 있다. 간정(間定)을 조성하여 나무문을 열면 약간 높은 언덕을 양쪽으로 만들어 가운데로는 실개천이 졸졸 흐르게 계류를 만들었다.

　창덕궁 후원에 있는 불로문(不老門)과 똑같이 아치형 문에 전서체로 '不老門'을 새긴 돌문은 돌쩌귀 없이 돌로 문만 세워놓았다. 늙고 싶은 사람이 어디 있을까? 예나 지금이나 세상 사람들의 소망은 불로장생(不老長生), 불로불사(不老不死) 아닐까? 타슈켄트 시민들이 부지런히 한국 정원을 방문하여 불로문을 드나들었으면 좋겠다.

　종루(鍾樓)에 한–우즈베키스탄 간 영원한 우정을 기원하는 '우정의 종'을 설치했다. 영락없는 한국 고향의 정취가 어린 전통 소정원이다. 화원에는 과꽃과 금계국이 피어있고, 앵두나무에는 붉은 열매가 매달려있다. 소나무, 무궁화, 과꽃 등 우리나라 고유 수종을 식재하여 조성되어 있다. 그런데 정원 안에 우리 말고는 사람이 없다. 들어올 때 매표소에 사람이 없어 그냥 들어왔다. 한참을 정원에서 돌아다니는데 관리인이 와서 입장권(5000숨)을 사야 한다고 했다. 입장료 받아서는 관리인 급료도 충당하지 못할 만큼 입장객이 없어 안타깝다. 한국가스공사의 협찬 광고가 있는 것으로 보아 우즈베키스탄 가스전 개발에 참여하는 기업의 사회공헌기금 기부로 운영을 돕고 있는 것 같다.

미노르 사원(Minor Mosque)은 백색사원이다. 최근 2014년에 완공한 사원으로 하얀색으로 깔끔하게 지어진 건물이다. 외부의 화려함에 비해 모스크 둥근 내부는 횡하다. 한쪽 벽에 이슬람 서체인 '나쉬체'(Naksh style)로 코란경이 쓰여 있고, 기도하는 움푹 파인 벽면 미흐라브(Mihrab)는 메카를 향해 기도할 수 있게 되어 있다.

미노르 사원은 슬픈 사연이 깃든 장소라 한다. 러시아 부자가 아들이 없어 조카를 양자로 들였는데, 그 양자가 타슈켄트에 놀러 왔다가 교통사고로 죽게 되었고, 양아버지는 아들을 기억하기 위해 '화이트 모스크'를 건축했다고 한다. 하얀 대리석에 녹색 타일로 기하학적인 무늬와 이슬람 문자 장식은 아름다우면서도 슬픈 느낌이 들게 한다. 사원은 남자만 출입이 가능하다.

타슈켄트에 3개의 모스크와 1개의 마드라사가 모여 있는 곳이 있다. '카라 사레이 거리'(Karasaray st)에 '하스트 이맘'(Khast Imam)이라는 광장이 있고 여기에 '하즈로티 이맘 주메 모스크'(Hazrti Imam Jome Mosque), '노모 즈고흐 모스크'(Nomozgokh Mosque), '틸라 쉬흐 모스크'(Tilla Sheykh Mosque), 16세기에 신학교였던 '바라크 칸 마드라사'(Barak khan Madrassa hs)가 있다.

무이 무보락(Muyi Muborak) 도서박물관, 세계에서 가장 오래된 이슬람 경전인 코란이 보관되어 있다.

'하즈로티 이맘'은 위대한 성직자란 뜻으로 여기에서 칭하는 지도자는 '아부바크르 무함마드 카팔 샤시'로 우즈베키스탄에 처음으로 이슬람을 소개한 지도자다. 하로즈티 이맘 모스크는 가장 최근에 세워진 유적지로 54m의 첨탑 두 개가 양쪽 끝에 세워져 있고, 벽돌 건축에 푸른 돔 2개의 건축으로 회랑 지붕과 나무문, 기둥은 히바의 사원처럼 조각한 나무 기둥이다.

모스크 광장에 작은 건물 '무이 무보락'(Muyi Muborak) 도서박물관에는 1997년 유네스코 세계문화유산으로 세계에서 가장 오래된 이슬람 경전인 코란과 13세기의 희귀한 도서 30여 권이 보관되어 있다. 소장된 코란은 7세기 중반에 기록된 유일한 정본으로 1,400여 년 동안 사용되어 온 이슬람교 경전의 유일한 정본이다.

정본 코란이 메카나 메디나에 있지 않고 왜 중앙아시아의 타슈켄트 하즈로티 이맘 모스크의 '무이 무보락 마드라사' 도서박물관에 있을까?

14세기 후반 아무르 티무르가 페르시아 바그다드를 정복하고 돌아오는 길에 바스라에서 이슬람 최고(最古)의 코란을 발견하고 노획한 것을 사마르칸트로 가져와 비비하눔 모스크에 보관했다.

제정(帝政) 러시아가 중앙아시아를 침공하고 이때 장군 카우푸만이 상트페테르부르크로 가져가 에르미타주 박물관에 전시하게 된다. 1917년 볼셰비키 혁명으로 종교정책에 변화가 있게 되어 러시아의 중동부에 있는 타타르스탄 자치공화국으로 옮겨졌다가 1923년 타슈켄트의 쿠켈다쉬 마드라사에 보관된다. 1945년에는 우즈베크공화국의 레닌역사박물관으로 이관된 것을 우즈베키스탄이 독립하기 2년 전(1989년)부터 지금의 장소로 옮겨져 보관되고 있다. 지금도 이 사원 안뜰에는 이슬람 경전의 정본을 전시했던 커다란 대리석의 전시대가 남아있다. 최고(最古)의 이슬람 경전이 침략자들의 노획

품으로 원치 않게 돌아다니는 타향살이를 하고 있다.

보관된 코란은 양가죽에 멋지게 쓰인 글씨에 금박이 입혀져 있어 우아하고 멋지기도 하지만 절대 종교의 위엄을 나타낸다. 얼마나 신앙심이 깊고 절대적이었으면 귀한 금으로 경전을 만들었을까?

코란(또는 꾸란)은 구전과 문자 두 가지 방법으로 전해져 왔다. 구전으로 암송되어 전해오는 방식은 예언자 무함마드(AD 570.4.22.−632.6.8, 출생연도는 추정, 사망연도는 확실. 실제 이름은 쿠삼으로 무함마드는 자칭한 이름이라 한다. 학창시절에는 '마호메트'라고 알고 있었던 그의 이름이 언제부터인지 '무함마드'라 불리고 있다. 이번 여행에서 수많은 이슬람 사원에서 그의 초상화를 찾아볼 수 없었다. 성당이나 교회에서 예수의 초상이나 형상이 조각되어 있는 것과 다르다.)의 계시를 전승의 형태로 사용한 것이다. 문자로 쓰인 것은 알라(Allah)의 계시(메카에서 13년, 메디나에서 10년)를 받은 코란 구절을 문맹이었던 무함마드가 암송(暗誦)하였다가 이를 제자들에게 낭송(朗誦)하였을 때, 이를 양피지나 돌판, 낙타의 골편(骨片) 등에 이를 받아 직은 것을 무함마드가 죽은 후 3내 칼리프(칼리프는 내리인 또는 세습사라는 아랍어 Kkalifa에서 유래)인 예언자의 서기 중 한 사람이던 '자이드 빈 사비트'(Zaid b. Thabit)에게 명해, 구전되던 계시와 문자로 기록된 것을 모아 집성한 것이다. 그 코란은 114장 6,236절로 구성되어 있다.

그때 기록된 코란이 지금까지 점 하나, 획 하나 틀리지 않고 그대로 전하여 오늘에 이른다. 이슬람 신자들이 종교적으로 우월감을 갖는 이유가 무함마드 계시 당시의 그 말씀 그대로 오늘까지 내려오기 때문에 이것을 진정한 하나님의 말씀으로 믿고 절대적으로 존중하는 것이다. 이슬람의 양대 종파인 수니파와 시아파들 간에 이견이 없는 딱 하나는 코란이라고 한다. 이슬람 교도들이 정치적으로 입장이 달라서 서로 죽고 죽이지만, 코란을 해석하고 믿는 것은 정확하게 일치한다고 한다.

　이슬람에서 무함마드는 이슬람교의 창시자가 아니다. 이슬람은 우주가 창조될 때부터 있었으나, 잘못된 방법으로 인류에게 전달되었고, 이를 정리하기 위해 창조자는 예수 그리스도를 내려보냈으나 이후 종교가 순수성을 상실하자 이를 바로잡기 위하여 '최후의 예언자'로서 무함마드를 내려보냈다고 가르친다고 한다(코란 88장 21-22절: 실로 그대는 경고자일 뿐으로 인간을 감독하며 강요하는 자가 아니라).

　이슬람이 무함마드를 숭배한 종교라고 생각하기도 하지만, 하나의 인간으로서 숭배대상이 아니다. 무슬림들도 무함마드를 미화하고 합리화하려는 노력을 했겠지만, 예언자 무함마드의 완전성을 믿지 않으며, 그도 인간이기에 몇 가지의 실수를 하였다고 인정한다. 그리스도교에서 예수가 결점이 없는 절대자의 아들이라는 것과는 다르다. 따라서 둘을 비교하는 것은 종교에 대한 이해가 필요한 부분이다.

　바라칸 마드라사 교실이 있던 자리의 기념품 상점에서 목각 장식의 액자를 구입하였는데 포장을 엉성하게 해주는 바람에 초르수 바자르 철물점에 가서 쿠션이 있는 단열 은박발포지를 구입하여 꼼꼼하게 포장했다.

고려인 2세 사회주의 이중 노동영웅 김병화 박물관

타슈켄트 시내를 벗어나 '김병화 농장' 가는 길(Bektemir Road A373), 치르칙 강(Chirchiq) 건너기 직전 오른쪽 강변에 아치형 붉은색의 시장이 보인다. 과거 우즈베키스탄 인구의 1%쯤 되는 고려인들이 1954년 거주지 제한령이 철폐되기까지 타슈켄트 시내에 들어올 수 없었을 때 꾸일육바자르에서 농사지은 농산물을 팔고 생필품을 사 갔던 고려인들의 애환이 서린 시장이다. 고려인들은 구일육시장이라 부른다. 2017년은 스탈린에 의해 강제 이주된 고려인들의 중앙아시아 정주 80주년이었다. 당시 고려인은 자유로운 이주가 금지됐을뿐더러 일정 구역을 벗어날 수 없었다. 적성(敵城) 국민이었기 때문이다. 그 숫자가 자그마치 18만 명이나 되었다.

　도중에 길가 논두렁에서 한 할머니를 택시에 태웠다. 우리를 김병화 콜호즈에 안내할 분이다. 할머니 이름은 '장 에밀리아 안드레이나'이다. A373도로를 4km쯤 가다 보면 오른쪽으로 집단농장(킴 펜 크바 콜호즈)이 있고 인근에 농장에서 일하는 사람들이 거주하고 있는 집단 마을이 있다. 농장 길가 한쪽에 노란 철문이 있다. 닫혀있던 철문을 '장 에밀리아 안드레이나' 씨가 열고 안내한다. 철재 문 안 건물에는 '김병화 박물관'이라고 크게 쓰여 있다. 장 에밀리아가 자기가 관리인이자 김병화 박물관장이라고 소개한다.

박물관 문을 열자 맞은편 벽 중앙에 커다란 초상화가 걸려있다. 양옆으로 "이 땅에서 나는 새로운 조국을 찾았다"라는 걸개가 걸려 있다(조국 대한민국을 원망하는 말이기도 하고, 소비에트에 대한 고마운 느낌을 표현한 것이기도 하다.) 소비에트 시절, 사회주의 노동영웅(금별) 훈장을 두 번이나 받은 김병화는 '이중 노동영웅'으로 불렸다고 한다.

　당시 공산당 서기장 흐루쇼프는 최고위원회에 김병화를 초청하여 격려했다고 한다.

　김병화는 1905년 8월 5일 연해주 재피고우에서 태어났다. 김병화가 죽은 후 2005년(탄생 100주년) 당시 우즈베키스탄 이슬롬 까리모프(Islom Karimov)대통령이 '땅과 사람'이라는 기념관에, 김병화 이름을 딴 박물관과 동상을 세우라고 지시하여 건축되었다.

당시 재피고우에는 이미 북극성 콜호즈가 조직되어 있었고, 1937년 강제이주 되면서 마을 사람들은 그대로 이곳으로 이주했는데 많을 때는 고려인들이 1,500명이 넘을 때도 있었다 한다. 지금은 젊은이들은 다 떠나고 대부분 노인만 남아있다고 한다.

북극성 콜호즈가 유명했던 이유는 김병화가 5대 회장으로 재임하던 1940년부터 1974년 사이에 눈부신 생산량을 기록하면서 무려 25명의 노동영웅을 배출한 영농조합이었기 때문이다.

원래는 '폴리아르나야 즈베즈다'(북극성) 콜호즈로 불리었으나 1974년 콜호즈(집단농장) 지도자로서 고려인의 근면성을 우즈베크 현지인들에게 입증해준 김병화(1905-1974)가 세상을 떠난 후 그의 이름을 따 김병화 콜호즈로 이름을 변경하였다고 한다. 우즈베크 공화국에서 노력훈장을 탄 650명 중 139명이 고려인이며, 김병화 콜호즈에서만 24명이 받았다. 그중 금별 훈장을 두 번 탄 이중영웅 4명 중 한 명이 고려인 김병화였다.

징 에밀리아 부모가 김병화의 사돈이라면서 김병화의 청렴한 얘기를 들려준다. 김병화는 노동영웅으로 국가에서 선물 받은 자동차를 한 번도 아내와 가족을 태우지 않고 검소한 생활을 했을뿐너러, 국가에서 선물 받았음에도 자동차값을 갚았다고 한다. 1974년 위암으로 사망할 때도 자기 소유의 재산을 농장에 기부하고, 선물로 받은 자동차는 6대 농장장에게 물려줬다 한다.

자녀한테 물려준 것은 박물관에 전시하고 있는 책상과 의자뿐이었다. 그는 죽은 후 고려인의 집단 묘지에 묻히지 않고 러시아 국가유공자 묘역에 모셔졌다고 한다.

아~ 우리나라에는 정직하고 부정한 행위를 하지 않고, 죽어서도 국민에게 존경받는 이런 지도자가 없나? 한참을 생각하게 한다.

북극성 콜호즈는 1991년 소련이 붕괴되면서 사라지고 농장으로 운영되다가 2005년에는 농장이 해체되고 국가에서 땅을 빌려 농사를 짓는다고 한다.

장 에밀리아를 통해 까레이스키야(고려인)의 한 맺힌 이야기를 들을 수 있었다.

그녀 아버지는 1905년에 태어나 13세 되던 해에 고향 남원을 떠나 러시아 연해주에서 감자농사를 지어 돈을 번 후 고향에 있던 그녀 할아버지 할머니를 모셔왔다고 한다. 연해주의 안정적 생활도 잠시뿐, 스탈린의 고려인 이주정책으로 영문도 모르고 블라디보스토크에서 강제로 기차에 태워져 타슈켄트 아무다리아와 쓰무다리아 강가에 부려졌다고 한다. 나무도 없고 삭막

한 갈대만 있는 강변이었으나 다행히 염분이 없는 땅이어서 갈대를 제거하고 농사를 지어 연명했다고 한다. 독—러 전쟁이 벌어지기 전, 1941년까지는 국가에 세금을 바치지 않아 살만했다고 한다. 그러나 고려인들은 적국에 스파이 짓을 할 염려가 있다 하여 군대 징집 대신, 노동군대에 보내져 군역을 시켰다고 한다. 아버지는 8명의 자녀를 두었는데 셋째 자식까지 연달아 죽자 10명의 자녀를 가진 아버지 친구한테 양딸로 보내져 프랑스식 이름인 '에밀리아 안드레이나'라는 이름을 얻게 되었다고 한다.

장 에밀리아는 카자흐스탄에서 사범대를 졸업한 후 교사로 재직하다 은퇴하고 연금생활을 하던 중 1994년 한국대사관이 개설되고 지금까지 주우즈베키스탄 한국대사관 위탁으로 한국어 교육을 담당하면서 박물관을 돌보고 있다. 박물관은 처음에는 고려인 문화협회에서 관리했으나 현재는 자신이 관리하며 기부금으로 운영한다고 한다. 우즈베키스탄에는 북조선 문화협회도 있다고 한다. 같은 겨레가 외국에서 두 갈래로 나뉘어 있는 현실이다.

그녀는 자서전(뜨락또르와 까츄사들, 아리랑의 기억과 기록)에서 말한다.

"지금은 우즈베키스탄이 내 고향이오. 내 여기 와 태어났습니다. 그래도 내 고향이라 말할 수 없어요. 한국에 가면 우린 또 외국 사람이 되지요. 외국 사람이죠? 그렇지? 허허, 코 같고, 눈 같지만 또 딴 사람이지. 우리 교육받는 건 우즈베크 문화, 러시아 문화, 우리 고려 문화 다 배웠어. 우린 무슨 사람이 됐는지 몰라요. 허허, 글쎄 한국사람 보고, (북)조선 사람 보면 마음이 쓸쓸하오."

여든 살의 장 에밀리아 안드레이나는 노래 아리랑을 세상 알 때부터 들었다고 한다.

아리랑 아리랑 아라리요

아리랑 고개로 넘어간다

나를 버리고 가시는 님은

십리도 못 가서 발병 난다

아리랑 아리랑 아라리요

아리랑 고개를 넘어간다

저기 저산이 백두산이라지~

고려인들이 부르는 고향의 노래, 아리랑 넘는 길은
가면 오지 못하는 고개이자 유랑의 노래이다.

우리는 한 가족 고려사람

아리랑 아리랑 아라리요

아리랑 아리랑 고려 고려 아리랑

(고려인의 응어리가 담긴 삶을 노래한 '고려 아리랑' 한 구절이다.)

'고려인'들은 '조선인'으로 떠나 '한국인'으로 귀
환하기를 간절하게 바라고 있다.

김병화 박물관에서 돌아오는 길에 '침간산'을
올랐다.

침간산은 타슈켄트 시내에서 동쪽으로 약
70km가량 떨어진 톈산산맥 끝자락에 해당하는

관광지로 승용차로 약 한 시간 반 정도 소요된다. 침간(Chimgan)이란 말은 카자흐스탄어로 '푸른 곳'이란 뜻이다. 산 아래에서 리프트를 타고 오른다. 멈추지 않고 계속 움직이는 리프트에서 사람이 내리면 얼른 올라타고 허술한 쇠막대의 안전장치를 재빠르게 허리 앞쪽에 걸어야 한다. 뭔가를 아래로 떨어뜨린다면 영원히 내 것이 아니다. 한국에서 스님들이 연수한다고 20여 명이 왔다. 우즈베키스탄 종교는 이슬람교(88%)와 동방정교(9%)가 대부분으로 포교목적이 아닌 관광으로 방문하여 부담 없이 즐긴다고 한다. 로프에 매달려 달랑달랑 흔들리는 리프트를 타고 즐거워하는 스님들 모습이 좋았다. 침간산 꼭대기에서 사진 찍는 모습도 소풍 나온 학생들처럼 밝은 표정이다.

정상에서 보이는 풍광은 고도가 높아서인지 나무가 없는 헐벗은 산이다.

침간산 아래는 차르박(Chorvoq) 호수이다. 침간산 중턱 1,600m 지점에서로 인접한 톈산과 침간산의 만년설이 녹아내린 물을 받아 저장하는 인공 담수호인데, 이를 이용하여 수력발전도 하고 관광지로 개발하였다. 바다가 없는 내륙국가인 우즈베키스탄 국민피서지라고 한다.

6/6(37일째) ★ 이슬람 국가의 교회와 성당

지도에 있는 Eparchy Department(교구)를 찾으려 노력했지만 찾지 못하였다. 어제도 지도에 독일교회인 'German Gospel Lutheran Church'라고 되어있는 교회를 한 시간도 넘게 찾아다녔었는데 찾지 못하였다. 동네 사람들에게 물어봐도 본 것 같기는 하다면서 잘 모르겠다고 했다. 알려주는 곳으로 가 봤지만 독일교회는 없었다.

오늘은 로마 가톨릭교회를 찾았다. 정식 명칭은 'Sacred Heart of Jesus

Cathedral'이다. 번역하자면 '예수 대성당의 신성한 심장(마음)'이다. 말하자면 인류를 향한 예수의 거룩한 사랑을 표현한 것으로서 신심을 표현한 '성심교회'이다. 교회(또는 성당)이면 모두 다 신성한 장소일 텐데, 굳이 Sacred(성스러운)라는 형용사를 수식어로 앞에 붙였다. 그럼 다른 교회는 보통교회인셈이고, 이 교회만 성스러운 예배당이란 말이 된다. 교구와 독일교회, 가톨릭 성당을 찾아다닌 이유는 무슬림 나라의 교회는 어떤 모습일까, 궁금해서이다.

우즈베키스탄 국민 88%가 이슬람교를 믿고 9% 국민은 러시아 동방정교를 믿는다는데 가톨릭은 어떨까? 확인하고 싶었다. 1917년 러시아혁명이 일어났을 때 99%의 동방정교회가 파괴되고, 그나마 남아있던 1812년 러시아 로마노프 왕조가 나폴레옹을 물리친 것을 기념하여 지은 모스크바의 구세주 성당도 파헤치고 그 자리에 야외수영장을 만들지 않았던가?

'성심 가톨릭 대성당'은 동쪽 Sadiq Asimov 거리 옆, 큰 부지에 부속건물 없이 지어져 있다(교회건물 뒤에 관리동만 있을 따름이다). 생태공원처럼 조성된 입구 정원에 장미화원과 여러 가지 꽃이 심겨있다.

성당에 게시된 안내에는 1912년에 최초 건축하여 여러 번 개축하고 지진으로 파괴된 성당을 2005년 복구한 것으로 되어있다.

외관은 십자가 첨탑과 아치형 출입문, 스테인드글라스로 치장되어 있으나 우중충한 외벽은 중세의 성을 닮았나. 성당 문이 닫혀있어 내부는 들어가지 못했다(문이 닫혀있는 성당은 처음 경험한다). 성당의 넓은 정원과 주위에 아무도 없다. 안내 게시판에 예배시간이 표기되어 있는데 일요일에는 영

어, 러시아어, 한국어로 진행한다. 부지가 넓어 겨울에 눈이 내리면 더욱 쓸
쓸할 것 같다. 많이 내린 눈을 치우기라도 하는 날이면 대역사(大役事)를 하
는 것이리라!

가톨릭 성당 건너편에 에코공
원(Eco Park)이 조성되어있다.
산책코스와 조깅트랙이 깔끔하
게 단장되어있고 미니축구장과
배드민턴 운동장이 마련되어 있
다. 인공호수에 보트 선착장이
있고 어린이들을 위한 작은 도
토리놀이터도 마련되어 있다. 정
문과 분수대가 보이는 2층에 멋지고 깔끔한 카페가 있다. 주위에 높은 건물
이 없어 2층 카페와 루프탑에서 에코공원을 감상하며 평온하게 음료와 케이
크를 즐길 수 있었다.

침간산, 차르박 호수에 시간과 돈을 들이는 것 보다, 오히려 성당과 에코공
원, 바브르공원, 일본정원, 아쿠아 파크 등을 관람하는 게 좋을 것 같다.

타슈켄트에 일본정원(Japanese Garden)이 있다. TV 송신타워 가는 길
무역전시장 옆 부지에 서울공원 면적의 8~10배 정도 크기다. 일본정원과
아쿠아 파크, 유원지인 타슈켄트랜드가 맞닿아 있다. 입장료는 서울공원이
5,000숨인데 비해 20,000숨으로 비싼 편이다. 인공 저수지를 만들어 보트
놀이를 할 수 있게 꾸몄고, 정원에는 보름을 의미한다는 열다섯 개의 돌을

배치하고 나무와 허브를 심었다. 산책코스의 조경과 관리가 깔끔하게 된 유원지이다. 서울공원은 규모가 작은데 일본 정원은 큰 규모에 카페와 음식점, 보트장이 있어 서울공원과 비교되어 속상했나. 우리도 크게~ 서울공원이 아닌 Korean Garden을 만들었으면 더 좋았을 것인데 아쉽다.

서울공원은 2014년 개관했지만 이들은 2001년 우즈베키스탄 대외경제부와 주우즈베키스탄 일본대사관이 공동 설립했다 한다. 일본의 문화적 접근은 세계 어디에서나 야금야금하면서도 빠르다. 우즈베키스탄이 독립(1991년)한 지 불과 10년 된 시점(2001년)에 일본정원을 개관했으니 정원 설립에 대한 기획과 공사는 훨씬 전에 이루어졌을 것으로 짐작된다.

타슈켄트랜드의 곤돌라를 타면 공원을 한 바퀴 빙 돈다. 앉지 않고 서서 탑승하여 경치를 감상할 수 있다.

타슈켄트에서 대형 시장의 분위기를 느끼고 싶어 시장을 찾는다면 전통시장인 초르수 바자르가 좋겠지만, 육류나 과일 등 식료품 위주를 구입하려고 한다면 '알라이 마켓'(Alay Markt)을 이용하면 좋다. 수백 년 된 유서 깊은 시장을 현대화하여 새로 지은 건물이다. 티무르 광장에서 900m쯤 되는 시내 중심에 있어 편리하다.

알라이 마켓

호텔에 비치된 지도를 보니 지도 구석진 모퉁이에 레스토랑 할인권이 인쇄되어있다. 궁금하여 여행정보 웹 사이트에 접속하여 알아보니 이용자들의 평가가 나와 있다. 타슈켄트 레스토랑 459곳 중 2위 업소이다. 위치도 좋고 분위기도 괜찮았다. Pub Restaurant 스타일로 우즈베크 전통음식과 일식 (초밥), 양식을 서비스하는데 주로 고기구이를 많이 주문하여 주방의 연기가 홀까지 퍼진다. 레스토랑 이름은 'AFSONA'이다. 계산할 때 캐셔가 다음엔 사용할 수 없게 지도에서 할인권을 떼갔다. 여행지에서 가끔은 지도 모퉁이도 살펴볼 일이다.

음식점 한 군데를 더 소개하면 타슈켄트 역에서 길 건너 한국식당 '만나'가 있는데, 한국의 웬만한 식당보다 밑반찬 맛이 좋다. 계속 리필을 해준다. 종업원들이 다가와 한국말로 뭣이 더 필요한지 맛은 어떤지 챙겨준다. 한국처럼 물도 공짜, 식사 후 냉커피 또는 음료가 서비스된다.

　　과거 공산주의 국가의 기차역 특징은 크고 멋진 역이다. 타슈켄트 기차역 광장은 공원 같다. 우즈베크 경제규모에 비해 크고 멋지게 지어진 건물이다. 역 광장 입구에서부터 신분증과 기차표가 있어야 검색을 거쳐 역사로 들어갈 수 있다. 기차표가 없어 역사 내부를 볼 수 없었지만 기차역을 보며 언젠가는 서울역에서 기차를 타고 유라시아 대륙을 지나 멋진 타슈켄트 기차역에 내리는 상상을 해본다. 사마르칸트 아프라시압 유적 벽화에 그려진 고구려 사신들은 말을 타고 머나먼 길을 다녀왔겠지만, 21세기 지금은 철의 실크로드를 따라 기차를 타고 중국대륙을 가로질러 타클라마칸 사막과 파미르고원, 중앙아시아의 초원을 지나 지중해까지 기차여행을 그려본다.

기차역 건너편에서 오른쪽으로 아블리요타(Avliyoota) 거리 미라바드(Mir abad) 시장 맞은편에 러시아정교회가 있다. 이 정교회 성당은 1871년에 처음 지어지고 1990년에 증축한 것으로 1차대전 때 군사기지로 사용되다가 1945년 12월 다시 문을 연 성당이다.

민트색의 6층 건물로 맨 위에 종탑과 복삽하게 생긴 정교회 십자가가 설치되어있다. 본래 십자가 위에 가로로 하나가 더 그어져 있고, 아래에는 가로로 기울어진 형상이 하나 더해져 있다.

예수가 나무 십자가에서 못 박힌 형벌과 고난의 상징성을 최대한 정확하게 시각화하고 있다. 십자가는 고대 로마인들이 범죄자를 처형할 때 사용하는 도구였다. 십자가에 못 박는 형벌은 불복종을 방지하고 포로로 잡힌 적이나 범죄자 등, 로마통치에 위협이 되는 사람들을 경고하는 의미에서, 공개

처형하는 방식이었다고 한다. 십자가형에 처해질 사형수는 자기가 매달릴 형구를 지고 처형장으로 가야 하는데, 흔히 생각하는 온전한 십자가 모양의 틀이 아니라 짧은 가로 막대만 메고 갔다고 한다. 그런 후 메고 간 막대는 땅에 이미 고정되어 똑바로 세워져 있는 말뚝에 십자가 모양으로 만들었다. 그다음 옷이 벗기어진 채로 양팔을 벌리게 하여 손목을 밧줄로 묶거나 못으로 박았다.

형벌 도구인 십자가 말뚝 맨 위에 죄명을 표시하는 죄판을 부착했다(예수의 경우에는 '유대인의 왕 예수'). 러시아 정교 아래쪽에 십자가 중심으로 왼쪽에서 오른쪽으로 기울어진 막대는(감상자의 시점에서는 오른쪽에서 왼쪽), 성서에 따르면 예수와 함께 강도 둘이 십자가에 못 박히니 하나는 우편에 하나는 좌편에서 형벌을 받았는데, 죽기 전 예수의 우편에 있던 강도는 회개하고 구원을 받아 천국(십자가 막대가 올라감)으로 갔으나 좌편의 강도는 회개하지 않아 지옥으로 갔다(십자가 막대가 쳐짐)는 일화를 상징한다.

십자가 맨 위 조각 또한 자식을 사랑하고 무한히 용서해주는 자애로운 성모 마리아를 십자가에 그려진 예수상의 위에 배치하여 성모 경배의 특징을 나타낸다.

동방정교회(Eastern Orthodox Church)의 동방은 이탈리아 로마를 중심으로 지리적으로 동쪽에 있다 하여, 서방교회인 로마 가톨릭과 상대적인 의미로 사용되기 시작했는데, 올바른 신앙과 정통이란 뜻의 Orthodox를 붙였다. 가톨릭이 개신교로 갈라지기 전 또 하나의 동서 교회의 분열인 셈이다. 이런 관점으로 보면 동방정교회가 원조 진짜 참 교회인 셈이다.

그런데 막상 진짜 참 교회 내부는 사진을 찍지 못하게 하여 담을 수 없었다. 교회 경내와 외부 사진 또한 못 찍게 하여 교회 밖에서만 볼 수 있었다.

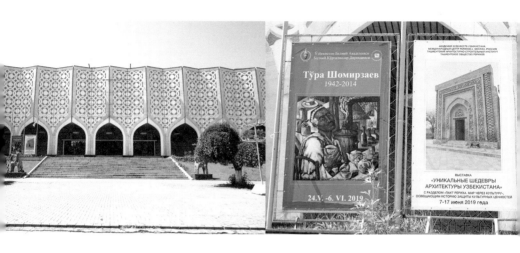

타슈켄트 아트 뮤지엄에서 과거부터 현재까지 우즈베키스탄의 예술을 한 자리에서 접할 수 있었다. 마침 1층, 2층의 전시실에는 1942년~2014년까지 현대미술작가의 작품을 전시 중이었다. 암울했던 사회주의 미술부터 암흑기와 저항기를 거쳐 소련으로부터 분리 독립에 따른 시대상을 표현하고, 현대미술의 접근과 서구미술 사조로 변하는 시대 상황을 그림으로 나타낸 전시회였다

저녁에는 나보이 극장에서 오페라를 감상했다.

러시아 볼쇼이극장과 마린스키 극장에서도 겪었던 일인데, 우즈베키스탄도 마찬가지였다. 예약한 좌석에 갔는데 누군가 미리 자리를 잡고 앉아있었다. 내 좌석이라고 티켓을 보여주자 다른 좌석으로 옮겨가고, 그 자리에 손님이 오면 또 다른 자리로 옮긴다. 4번을 그랬다.

여성 관객이 80~90%를 차지한다. 무대 앞 피트의 오케스트라 단원 숫자가 풀 오케스트라 아닌 20여 명이다(보지는 못했지만 연주하는 소리를 들으니 그렇게 많지 않은 악기였다). 발레리나 동작도 미흡하고, 가수도 높은 음역을 발산하는 소프라노였으면 좋았으련만 메조소프라노였다. 오페라 단원은 60명이 출연하여 호화로웠지만 황당한 것은 공연시간이 1시간 10분으로 너무 짧았다.

대신에 공연 끝나고 극장을 두루두루 살폈다. 정식 이름은 '알리쉐르 나보이 발레&오페라 극장'을 줄여 '나보이 극장'이라 부른다. 정치가이자 전통시인으로 우즈베키스탄 민족 문학의 아버지로 불리는 '알리쉐르 나보이'(Alisher Navoiy, 1441-1501) 이름을 붙였다. 유명한 사람이라 그런지 우즈베키스탄에 '나보이 주'도 있고 '나보이 국제공항', '나보이 거리', '나보이 지하철역', '나보이 문학관', '국립 나보이 도서관'이 있다.

아프가니스탄의 헤라트에서 태어난 나보이가 우즈베크의 민족영웅으로 추앙받고 있는 이유는 나보이의 작품 활동이 우즈베크어의 형성에 큰 영향을 미쳤기 때문이라고 한다. 15세기 당시는 페르시아어로 문학 활동을 했으나, 알리쉐르 나보이는 중앙아시아의 교통어로 사용되던 '차가타이어'를 기반으로 작품 활동을 했는데, 차가타이어는 현재 우즈베크어의 모어(母語)라고 한

다. 우리 시대로 치면 훈민정음 시대에 언문(諺文)을 사용하여 창작문학을
한 셈이다.

　나보이 극장은 우즈베키스탄 최초의 공연장이자 구소련 시대의 모스크바
와 민스크 볼쇼이극장과 더불어 오페라 3대 극장 중 하나로 손꼽혔던 극장
이다. 1947년 완공하였는데, 2차 세계대전 때 포로로 잡힌 일본군을 동원
하여 건설했다고 한다. 그때 일본 건축기술을 적용하여 지은 건물은 1966년
에 발생한 진도 7의 강진에도 무너지지 않았다고 한다.

　우즈베크 문화 1번지라는 티
무르 광장 맞은편의 브로드웨
이는 젊음의 거리이다. 조금은
거창하고 부담스러운 이름이다.
거리의 화가들이 작품을 그려
파는 페인터 스트리트(Painter
Street)라고도 부른다. 가로수
를 따라 이어진 거리는 조형물
도 세워놓고, 버스킹이 사람을
불러 모으고, 길거리 사격장에
서는 연인들이 내기 총 쏘기를
즐기고, 추억의 놀이인 두더지
잡기 게임을 즐긴다. 쏙~ 올라
오는 두더지를 게임용 망치 팡

팡으로 때려잡는다. 낮에는 초상화 그려주는 거리의 화가, 유적지를 그린 그림을 파는 판매상, 자그마한 장신구와 소련 시절의 우표와 배지, 동전을 판매하는 벼룩노점상뿐이었는데 해가 지면 브로드웨이 거리 위에 매달아 놓은 조명이 총천연색의 빛을 내뿜는다. 언제부터 브로드웨이란 이름으로 불렸는지는 모르나 지도에 표기된 정식 명칭은 'Seyilgoh ko Chasi'로 산책로이다. 뉴욕 맨해튼 원조 브로드웨이의 1/10도 안 된다.

브로드웨이 노천카페에서 장 여사님과 아이스크림을 먹고 있는데 조금 전까지 함께 있었던 동반자가 안 보인다.

아~ 그런데 저 멀리에 우리 친척이 보인다.
누가 볼세라 거리 구석을 이리저리 옮기며 입에서 연기를 뿜어낸다.
몸에 해로우니 피워서 없애려는 것일까?
이런~ 호기심도 많고 궁금할 일도 많을 나이의 소년이다.

나하고는 2촌지간으로 잘 아는 사이다.
성북아! 니 엄마한테 아직 얘기 안 했다.
뭔 말인지 알지?

외할아버지는 네가 뭘 해도 사랑스럽단다!
사랑한다, 외손자~ 야.

에필로그 /

여행을 하다 보면 우리 코가 냄새에 익숙해지듯이 금방 동화책 속으로 뛰어든 것처럼 모든 게 신기하고 흥미로워 감동을 하다가 보고 또 보다 보면 그게 그거 같아 여행이 끝날 때쯤이면 흥미가 반감된다. 하지만 여행은 눈으로가 아닌 가슴으로 하는 것, 천년의 비단길에서 꿈같은 시간을 보냈다.

델리에서 시작하여 골든 트라이앵글에서 뭄타즈 마할과 샤자한의 천년이 지나도 변치 않을 사랑의 징표를 접했다. 인도-파키스탄 국경의 라호르를 넘어 파키스탄의 이슬라마바드를 지나, 간다라 미술의 발상지 탁실라와 세계 최장수 마을인 훈자를 방문했다. 이어서 카라코람 하이웨이의 절정 쿤저랍 패스와 파미르고원을 넘어 동서 실크로드의 오아시스인 카슈가르와 아름다운 산상호수 이식쿨에 발을 담갔다. 배낭족들이 세상에서 가장 넘고 싶어 하는 토르가르트를 넘어 키르기스스탄 프룬제와 로마보다 더 오래된 도시 오쉬에서 이슬람 성지 솔로몬왕의 왕좌라 불리는 술레이만 투에 오르고, 우즈베키스탄 사막의 천년도시 사마르칸트와 부하라, 히바를 거쳐 타슈켄트에서 끝을 맺는다. 중앙아시아 카라코람 하이웨이를 따라 문명을 낳아 키우고 전파한 길, 인류 문명의 동맥이었던 옛 실크로드의 흔적을 음미하며, 배우고 깨닫고 많은 것을 느꼈다.

이번 여정은 사랑하는 딸내미의 사랑하는 아들 임성묵과, 사랑하는 딸내미의 사랑하는 엄마 장 여사님과 함께한 여행이어서 행복했다.

바람조차도 사랑을 담아 부는 세모(歲暮)의 밤이다.
이유 없이 행복할 때가 제일 행복하다.

삶은 정말 믿을 수 없는 환희(歡喜)로 가득하다.
기억이 끊기기 전에 담아둔다.

사랑만큼 깊은 여행병이 고쳐지지 않는 한 또 다른 떠남을 기대한다.

지금 안 하면 영원히 못 한다.
나중에… 언젠가는 오지 않는다.

Now or Never
Let's go.

당신은 특별한 사람입니다.

우즈베키스탄
Uzbekistan

키르기스스탄
Kyrgyzstan

히바

타슈켄트

비슈케크

이식쿨

촐폰

아

사마르칸트

페르가나

술레이만 투

부하라

오쉬

카슈가르

타슈쿠르간

쿤저랍패스

소스트

훈자

울타르 메도우

이슬라마바드

탁실라

카리마바드

라호르

암리차르

파키스탄
Pakistan

뉴델리

인도
India

자이푸르

아그르

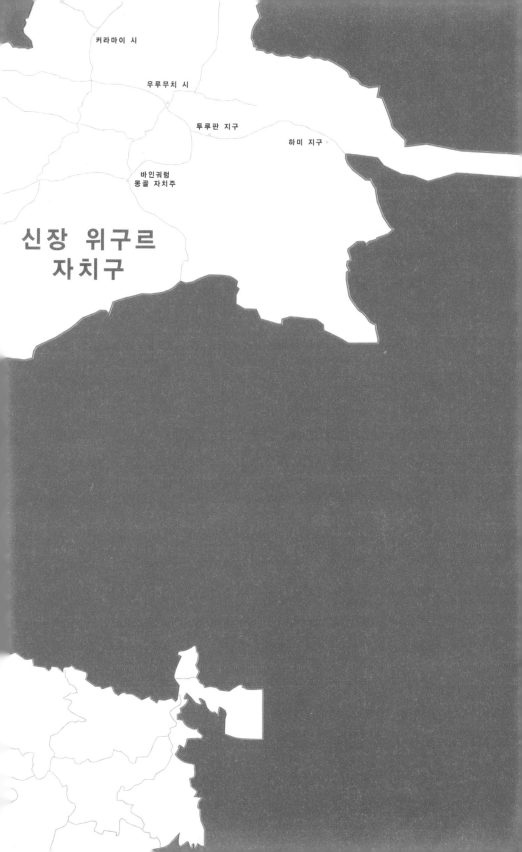